マンガでわかる日本の神様

東條英利 監修

誠文堂新光社

マンガでわかる日本の神様

CONTENTS

参考文献

『神社の基本』東條英利監修／枻出版社
『「日本の神様」がよくわかる本』戸部民夫著／PHP文庫
『成功している人は、なぜ神社に行くのか？』八木龍平著／サンマーク出版
『神道入門』井上順孝著／平凡社新書
『日本人のための世界の宗教入門』齋藤孝著／ビジネス社
『神社検定公式テキスト2　神話のおへそ』神社本庁監修／扶桑社
『日本の神々完全ビジュアルガイド』椙山林継監修（カンゼン）
『日本の神様読み解き事典』川口謙二著（柏書房）
『日本の神々の事典』薗田稔他監修（学研）

神様について知っておきたいこと

神様ってなに？

恋におちたとき、結婚を願うとき、お金が欲しいとき、仕事の業績アップを狙うときなど、私たちは人生の様々な場面で神社を参拝し、神様にお願いをします。そんなとき、頭に浮かぶ神様は、どんな姿をしていますか？　白髭のおじいさんでしょうか。光輝く女性、はたまた美しいキツネ？

神様について、どんな存在かと改めて質問をされたとき、きっと多くの日本人が困ってしまうと思います。なぜなら、日本の神様は、キリスト教やイスラム教の神様のような全知全能の唯一の存在とは、性質もなりたちも異なるからです。

日本の神様は、神道で祀られている神様を指します。その数は八百万に及び、プロフィールもまちまち。日本創造にまつわる神話の神様もいれば、天神様でおなじみの菅原道真公のように、元々は人間だった神様もいます。

さらには、かまどの神様、トイレの神様などニッチな神様も有名ですし、縁切りの神様、貧乏神などブラックな神様も存在します。そして、山を守る神様もいれば、使い込んだ古道具さえ付喪神という神様になると言われています。

では、日本における神様の定義とは一体なんでしょうか？　様々な説がありますが、最も優れた定義と言われているのが、江戸時代に活躍した国学者の本居宣長による解説です。

「人はもちろん、鳥獣木草の類や海山など、その他なんであれ、尋常ではなく優れた徳があり、畏怖を抱かせるものを神という」（『古事記伝』より）

つまり、あらゆる場所、あらゆるものに神様は宿り、優しさと厳しさを併せ持つ恩威並行の存在を神様と呼ぶということです。

そんな日本の神様の起源は、人がまだ文字を発明

するはるか昔、土地の精霊や山や海など自然に宿る神秘の存在を祀っていた「アニミズム」に由来します。聖なる存在として崇めながらも、信者という概念はなく、誰もが当たり前のように救いを求めて祈りを捧げる生活に密着した考えでした。

その後、神話が登場すると伊邪那岐命《イザナギノミコト》、日本創世の神様が名を連ね、平安時代以降は仏教的な要素が加わり、神とは仏であるという考えから、天皇や歴史上の偉人などの祖霊も神様としての仲間入りを果たしました。

また、あらゆるものに神様が宿るという定義は、「衣食住全てに感謝の念を抱きなさい」という祖先の戒めに由来するものです。大切にすれば福を招き、粗末にすれば祟りをもたらす。つまり、日本の神様は、日本人の道徳心の象徴でもあるのです。

さらに、姿かたちを持たないことも日本の神様の特徴です。私たちの呼びかけに答えて、神様はご神体に宿り、徳を授けるというのが神社のシステムなのです。そこで、神社を参拝する際には、ご祭神の知識を身に着けることが大切で、神様を知ることが、願いを叶える第一歩なのです。

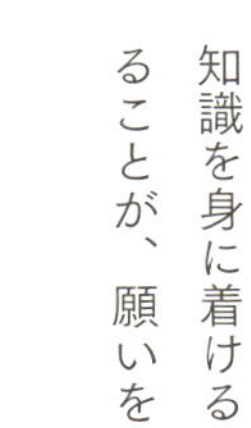

神様のタイプはいろいろ

前項で説明した通り、日本の神様は様々な経緯から誕生したため、その御神徳もタイプもまちまちです。勇ましい英雄もいれば、怒らせると怖い神様、悲劇から生まれた神様や、目に見えない自然現象から生まれた神様もいます。その数は八百万、つまり数え切れないほどの数に及びますので、神様をタイプ分けするのは容易なことではありません。これまで様々な研究者が様々な切り口から分類していますが、ここではおおまかに四つのグループに分けて説明します。

一、神話の神様、皇祖神ならびに天皇
二、各土地で祀られている霊威神
三、自然や自然現象に由来する自然神
四、生活に密着した文化神・人神

一番の神話の神様は、神道における神様の中心的存在です。『古事記』や『日本書紀』に記載された日本の創世神話に登場する神々を指し、天照大神《アマテラスオオミカミ》や大国主命《オオクニヌシノミコト》などがこのグループに入ります。古典の神とも呼ばれ、日本全国の神社で祀られていますので、こちらは次項で詳しく説明します。

二番の霊威神とは、民間で語り継がれ、各地で信じられてきた土地神様を指します。記紀に記載がないため、起源が定かではない神様もいるのが特徴です。その代表が、お稲荷様＝宇迦之御魂神《ウカノミタマノカミ》。現在では、全国各地の神社に祀られていますが、元々は五穀豊穣を御神徳とする稲の神様であり、山城国（現京都府南部）の氏神として祀られていました。

三番の自然に由来する神様とは、山や海などの自然環境や、風や雨など自然現象を神格化した神様のことです。例えば磐長姫命《イワナガヒメノミコ》は、岩の女神です。岩ように頑丈で永久不滅の存在を象徴し、長寿をもたらす神様として祀られています。嫉妬心が強いことでも知られ、女性が山に入ると災いが起きるという伝承の元になった神様です。

また、磐長姫命の父である大山津見神《オオヤマツミノカミ》は山を司る神様です。田んぼや畑に水をもたらす神様として信仰され、「山の神」とも呼ばれています。農作物の収穫高が極端に減った年には「山の神様が怒ってい

るせいだ」と考えられ、怒りを鎮めるための祭事が行われました。他にも、「海の神」「川の神」などがおり、雨乞いや大漁を祈るための様々な祭事が全国各地で執り行われました。これらの神は『古事記』などにも登場します。

　四番の文化神とは、人々の暮らしの中から生まれた神様の総称で、文化や職業を守る神様、氏族や地域を守る神様のこと。また、人間から神様になったパターンは人神と呼びます。平安時代に活躍した菅原道真公が天神様として祀られるようになったのが、その好例です。他にも日光東照宮は徳川家康が御祭神として祀られているのをはじめ、数多くの英雄や戦国武将が神格化され、勝負運、ビジネス運などの神様として多くの参拝者で賑わっています。現在もまた大企業の創始者を神格化して祀るなど、その数は増え続けています。

　他にも、仏教由来の習合神、木霊や沖縄のキジムナーなど山の神、木の神として信仰するなど、様々な由来の神様が存在し、それだけ、日本の神様は個性豊かであり、また奥深い存在とも言えるのです。

神話と神様

日本全国に、八万八千社以上あると言われている神社で祀られている神様のうち、最も多いのが『古事記』と『日本書紀』の神話に登場する「古典の神」です。この二冊は「記紀」と総称され、神道の神典として、古来から崇められてきました。

　古事記は、全国で言い伝えられてきた神話や伝説、歌謡をまとめた現存する最古の歴史書です。第四十代天武天皇が「『帝紀』と『旧辞』にある古い伝承の偽りを削り真実を定めて後世に伝えたい」と仰せられ、舎人の稗田阿礼《ヒエダノアレ》と太安万侶《オオノヤスマロ》が編纂、712年に完成しました。

　古事記は、全三巻から成り、上巻に日本創造にまつわる神話が記されています。この世に天と地ができ、神々の世界である高天原《タカマノハラ》に、天之御中主神《アマノミナカヌシ》、高御産巣日神《タカミムスビノカミ》、神産巣日神《カミムスビノカミ》の三柱が登場する場面から始まります。

　やがて、伊邪那岐命と伊邪那美命《イザナミノミコト》が誕生。結婚をした二柱は失敗を繰り返しながら、十四の島々を生

んだ「国生み」を果たし、そののち様々な神々を生み出します。高天原を治める天照大神、夜を治める月読命《ツクヨミノミコト》、そして、なにかと逸話の多い須佐之男命《スサノオノミコト》も、その子ども達です。

『日本書紀』もまた、天武天皇の支持によって編纂された歴史書です。全三十巻から成り、最初の二巻に神話、それ以降が天武天皇から持統天皇までの歴史上の出来事が記されています。こちらは、正式な歴史書を意味する「正史」と呼ばれているのが特徴です。内容としては、古事記との一致点も多いのですが、「一書」と呼ばれる番外編にあたる記述も多く、個性豊かな神様たちの姿がドラマティックに描かれています。

しかし、いくら日本のルーツを記した正式な歴史書とはいえ、神話と聞くと、私たちの暮らしとは大きくかけ離れていると感じる方も多いでしょう。ところが、かつての建国記念日も「記紀」に書かれた神話期に基づいて定められたもので、現在まで続く皇族の祖神が、天照大神であると伝えられています。つまり、日本における神話とは、おとぎ話ではなく実話に基づいたものだと考えられているのです。

それらを踏まえて「記紀」を読んでみると、神様たちがいかに人間的な性格の持ち主であったかが実感できると思います。

たとえば、須佐之男命は、天上界で大暴れした末、姉である天照大神を怒らせて追放されましたが、地上に降りてヤマタノオロチを退治したため、その功績から厄払いの神様となりました。

また、衣通姫《ソトオリヒメ》は、才色兼備な美女でしたが、同母兄の木梨軽太子《キナシノカルノヒツギノミコ》と禁断の恋に落ちたことで、追放され、後に兄妹共に心中してしまった悲恋の女神です。生前、和歌の才能に優れていたことから和歌の神様になり、多くの歌人が参拝するようになったと語られています。古くは紀貫之、近代の樋口一葉や与謝野晶子の詩にも登場し、影響を与えています。

このように、神話とは神様の履歴書のようなもの。叶わぬ思いを神様に叶えて欲しいと願うのでしたら、神話に親しみ、神様のことをよく知りましょう。ここに紹介した以外にも、エンターテインメントに富んだ物語が数多く綴られています！

第1章

様々なご利益の神様

天照大神

アマテラスオオミカミ

黄泉の国から帰還した伊邪那岐命が、穢れを落とすために海で体を洗っていたところ、左の目から生まれた女神。
ふあ〜
ごしごし
伊邪那岐命

日本人の総氏神なのよ

ご利益	国家安泰、開運、長寿
主要神社	伊勢神宮内宮（三重県）、そのほか全国の皇太神社、神明社
別称	天照大御神《アマテラスオオミカミ》、天照皇大神《アマテラススメオオミカミ》、大日孁貴《オオヒルメノムチ》

太陽が神格化された天皇家の祖神

伊邪那岐命《イザナギノミコ》が黄泉の国から帰ってきた際、穢《けが》れを払う禊《みそぎ》として左目を洗ったときに生まれたとされる神様。これは『古事記』に書かれた由来で、『日本書紀』では日本という国ができた後に生まれたとされています。

天照大神は高天原の統治を任されていました。太陽の神様として祀られた女神様は、古くから天皇家の祖神として、国中から敬われてきたのです。

そんな天照大神は、ある大事件を起こしています。天照大神には須佐之男命という弟がいますが、これがとんでもない乱暴者。

天照大神が統治している高天原でもやりたい放題暴れる弟に、姉は大激怒し、天岩戸に隠れてしまったの

弟である須佐之男命の狼藉に腹を立て、天岩戸に隠れた逸話は有名。
ぷん
ぷん
須佐之男命
だーっ!!
太陽の女神とされ、天皇家の祖神として崇められている。
日本全国を守る総氏神でもあるため、多くの家の神棚には天照大神のお札（神宮大麻）が祀られている。
天照皇大神宮

です。

太陽の神様が隠れてしまったものですから、空は暗くなり、作物は育たず、人々は元気を失ってしまいました。

結局、他の神々が天岩戸の前で宴会を開き、気になった天照大神が出てきたことで日本はまた明るい土地へと戻ったのです。

日本の最高神である天照大神は、三重の伊勢神宮、東京の東京大神宮、奈良の檜原神社、そして宮崎の天岩戸神社などに祀られています。

ご利益は日本人の総氏神らしく、国家安泰と子孫繁栄。日本がいつまでも明るく豊かで笑顔の絶えない国であるよう、天照大神は今日も私たちを見守ってくれているのです。

生島神《イクシマノカミ》
足島神《タルシマノカミ》

よいしょ
よいしょ
せっせ
せっせ
伊邪那岐命、伊邪那美命が国生みによって八つの国＝大八島国（日本）を作った。

日本ぜ～んぶ守護してます

ご利益	国家安泰、厄除け、心願成就
主要神社	生島足島神社（長野）、 生国魂神社（大阪）、御霊神社（大阪）
別　称	生島神＝生島大神 足島神＝足島大神

国生みで生まれた日本列島の守護神

日本の国土を守護する2柱の神様です。生島神は生国魂大神《イククニタマノオオカミ》、足島神は足国魂大神《タルクニタマノオオカミ》とも呼ばれます。日本列島の誕生から宿り、守護神として太古の昔から祀られてきました。

2柱とも、父は伊邪那岐命《イザナギノミコト》で母は伊邪那美命《イザナミノミコト》です。多くの神を生み出したこの夫婦神は、国生みによって国をも新しく誕生させました。それが大八島《おおやしま》。八つの島からなる地域で、日本列島のことです。

生島神も足島神も、この大八島に宿る神霊であるということから、日本列島の守護神となったのです。

主要神社は、生島足島神社。この神社では生島神を万物に生命力を授ける生島大神として、足島神を万物に満足感を授ける足島大神として、

この時に大八島国の国土に宿ったのが生島神・足島神である。
じゃあねー
この二神は同じ性格を持つ一対の神で、「イク」は生成や発展、
イク
タル
「タル」は満ち足りて繁栄することを意味している。
そのため生島神・足島神が祀られた生島足島神社は、皇室や多くの武将たちに崇敬された。

祀っています。

生島足島神社には、次のような伝承が残っています。建御名方神《タケミナカタノカミ》が諏訪に降臨する道中、この神社のある土地に留まりました。そのとき生島神、足島神の2柱に奉仕し、お粥を献じたそうです。

その怪力と豪胆さで勇名をとどろかせた建御名方神が奉仕をするくらいですから、生島神と足島神は神様の中でも位の高い存在であると言えます。もちろん、人間からの崇敬もあつく、戦国時代には武田信玄や真田昌幸（真田幸村の父）が戦勝などを祈願していたそうです。

国の守護神であることから、主なご利益は国家安泰。それ以外にも厄除けや心願成就、家内安全などで力を貸してくれそうです。

賀茂建角身命《カモタケツヌミノミコト》

高御産巣日神の命により、八咫烏となって神武天皇の大和入りを導いた。
ぼーん
はっ
へーんしん!!

八咫烏《ヤタガラス》に変身できるぞ

ご利益	祈雨、止雨、五穀豊穣
主要神社	賀茂御祖神社（京都）、賀茂別雷神社（京都）の他、全国にある賀茂神社
別称	鴨建津之身命《カモタケツノミノミコト》

神武天皇遠征の先導を務めた賀茂の猛者

賀茂県主家の祖とされている神様です。京都の賀茂御祖神社（下鴨神社）には、玉依姫命《タマヨリヒメノミコト》という女神と、その父神である賀茂建角身命《カモタケツヌミノミコト》を主祭神として祀っています。

「賀茂建角身命」には、「賀茂の猛々しい者」という意味があります。その勇猛さからか、『山城国風土記』によれば、神武天皇《ジンムテンノウ》が東方へ遠征する際に、その先導を務めたとされています。いわば、神武天皇の特攻隊長ですね。

ちなみに先導を務めたときには、八咫烏《ヤタガラス》に姿を変えたという言い伝えも残されています。

その後、賀茂建角身命は大和から山城国に移りました。賀茂川をさかのぼって定住先に選んだのが、賀茂

御祖神社からほど近い賀茂別雷神社（上賀茂神社）のある土地でした。

賀茂建角身命はこの地で、伊可古《イカコヤ》夜日売《ヒメノミコト》を妻にめとり、玉依姫命《タマヨリビメノミコト》をもうけました。その玉依姫命はある日、賀茂川で丹《に》塗《ぬり》矢《や》を拾いました。これを寝床に置いていたところ、なんと妊娠。そして生まれたのが賀茂別雷命《カモワケイカヅチノミコト》という神様です。

賀茂信仰は玉依姫命と賀茂別雷神の母子を中心とした信仰で、賀茂建角身命はその大元となった神様ということになるでしょう。

恵みの雨をもたらしてくれる神様で、農業にご利益があるとされています。ちなみに賀茂別雷神はその名のとおり、雷にまつわる神様で、「雷除」「電器産業の守護」といったご利益を授かることができるそうです。

大物主神は奈良の三輪山をご神体とする大神神社に祀られ、蛇の化身とする神様。
ぬ〜ん

オオモノヌシノカミ

大物主神

国造りならおまかせ

ご利益	諸願成就、開運、病気平癒
主要神社	大神神社(奈良)、金刀比羅宮(香川)など
別称	大物主大神《オオモノヌシノカミ》、三輪明神《ミワミョウジン》

三輪山に鎮座する国を造った蛇の神様

奈良にある大神神社の祭神で、標高467メートルの三輪山に鎮座する蛇の体を持つ神様です。

その昔、少名毘彦那神《スクナビコナノカミ》と大国主神《オオオクニヌシノカミ》という神様が国造りを行っていました。少名毘彦那神が去り、大国主神が嘆き悲しんでいたところ、海の向こうから輝きながら近づいてきたのが、大物主神です。

それから大物主神は国造りをおこないました。農業、工業、商業だけでなく、お酒や薬を作ったり、交通や航海の整備をしたり、さらには縁結びまで面倒を見てあげたりと、日本がよい国になるために一生懸命がんばってくれたのです。

また、崇神天皇の時代に大流行した疫病を鎮めたことから、医療の神

様としても人々から崇敬を集めるようになりました。

一方で、八岐大蛇《ヤマタノオロチ》のモチーフになったとも伝わるこの蛇の神様には、ちょっと信じられないエピソードもあります。美しい姫がトイレへ行くのを見るや、自らの体を矢に変身させて、なんと姫の陰部をつついたというのです。大物主神という名前には、「すべてを統べる存在」の意味があります。そんな立派な神様でも、たまにはハメをはずしたくなってしまったということでしょうか。

ご利益は、日本という国を作り上げた神様だけあって、諸々の願いを叶えてくれるそう。

大物主神は各地の神社で祀られていますが、参拝するならパワースポットとしても有名な三輪山を訪れてみたいものです。

神武天皇《ジンムテンノウ》

ご利益	国家安泰、開運、長寿
主要神社	橿原神宮（奈良）、宮崎神宮（宮崎）、多家神社（広島）など
別称	神倭伊波礼毘古命《カムヤマトイワレビコノミコト》、神日本磐余彦天皇《カンヤマトイワレビコノスメラミコト》

日本を建国した第一代の天皇

現在でも続く天皇家。その初代天皇が神武天皇です。父は鵜葺草葺不合命《ウガヤフキアエズノミコト》、母は玉依姫命《タマヨリビメノミコト》。四人兄弟の末っ子として生まれました。

45歳のときに、一番上の兄である五瀬命《イツセノミコト》と一緒に、日向から大和の地を目指しました。

大和へと向かう旅（東征）の途中、難波の地で長髄彦《ナガスネヒコ》をはじめとする地元の士族たちと衝突。激しい戦いの中で、兄の五瀬命が戦死してしまいます。なんとか生き延びた神武天皇は紀伊半島を迂回して吉野を経て、大和に至りました。このときに先導を務めたのが、14ページで紹介した賀茂建角身命《カモタケツヌミノミコト》です。

戦いの末、神武天皇はついに大和一帯を平定。天皇に即位しました。

そして紀元前660年、大和の畝傍《うねび》橿原宮《かしはらぐう》に皇居を構えたのです。

神武天皇が祀られている神社のひとつである橿原神宮（奈良）は、その皇居があったとされる地に建てられました。

神武天皇は伝説や神話上の人物で、実在した可能性を疑問視する説もあります。一方、皇室の祖先が西方から来たという部分には真実が含まれているのではないか、と唱える学者もいます。

さすが日本を建国しただけあって、神武天皇はとても長寿で、137歳まで（127歳とも）生きたと伝えられています。

神武天皇を参拝すると、国家安泰、開運、そして長寿のご利益が得られるというのは、神武天皇が長生きしたことからでしょう。

タカミムスビノカミ

高御産巣日神

古事記の冒頭で、最初に高天原に出現した三神の一柱。天之御中主神、神産巣日神とともに「造化三神」とも呼ばれ、
三神

天照大神とは仲良しなの

ご利益	五穀豊穣、開運、縁結び
主要神社	高天彦神社（奈良）、天津神社（京都）、草岡神社（志賀）など
別称	高木神《タカギノカミ》、高天彦神《タカマヒコノカミ》

天地開闢から存在した天照大神のよき相棒

『古事記』には、「造化の三神」（造化三神とも）という神様たちが出てきます。「造化の三神」とは、宇宙を創造した3柱の神様で、天之御中主神《アメノミナカヌシノカミ》、高御産巣日神《タカミムスビノカミ》、神産巣日神《カミムスビノカミ》のこと。天地開闢、つまりこの世界が始まったときに高天原に現れて万物を生み育てたという、とてもスケールの大きな神様たちなのです。

高御産巣日神は「ムスヒ」を神格化したものであると伝えられています。ムスヒの「ムス」は植物が繁茂する力のことで、「ヒ」は神霊の意味。つまり、あらゆる物を作りだす力を持つ存在ということです。

神話では、とても重要な立場にある神様として伝えられ、邇邇芸命《ニニギノミコト》の祖父にあたります。

また、高御産巣日神は天照大神《アマテラスオオミカミ》のよき相棒でもあります。『古事記』では高天原を統治していた天照大神と並んで、様々な指示をしたり、国の守護をしています。

「造化の三神」では、高天原の中央に位置し、宇宙の中心をなす神へと発展した天御中主神がリーダー格のように扱われがちです。しかし、高御産巣日神もとても重要な役割を担っているのです。

「高木神」と呼ばれることもあり、その名のとおり巨木を表しています。巨木であることは植物を生み育てる力の象徴。そして雷を自在に使うということから、雨によって農業に豊作をもたらす神として崇敬されているのです。

天之常立神《アメノトコタチノカミ》

天之常立神は神々の住む
天上世界である高天原
そのものを神格化した神である。

天界の土台です

ご利益	五穀豊穣、産業振興、開運招福
主要神社	駒形神社（岩手）、駒形根神社（宮城）、高見神社（福岡）など
別称	天常立尊《アメノトコタチノミコト》

世界の誕生からいた「独身」の神様

天地創造、宇宙の誕生など、すべての始まりの際に出現したとされる神様です。

すべての始まりの際に出現した神様は、天之常立神だけではありませんでした。天御中主神《アメノミナカヌシノカミ》、高皇産霊尊《タカミムスビノカミ》、神皇産霊尊《カミムスビノカミ》、宇麻志阿斯訶備比古遅《ウマシアシカビヒコジ》神《ノカミ》、そして天之常立神の5柱です。この5柱を「別天神五柱」といいます。

神様の中には夫婦が多くいますが、天之常立神は単独で生成した神様ということから独神《ひとりがみ》と呼ばれています。

天之常立神という名前には、もちろん意味があります。「天」はそのまま天を指します。「常」は「トコ」と読み、これは土台に通じています。「立」は出てくる、現れるの意味。すなわち天之常立神とは、「天

界の土台として出現した神様」ということ。天はいつまでも続くことを示すと同時に、この世界の礎となる、とても大切な役割をになっている神様と言えるでしょう。

そんな重要な神様なのですが、実は神話に登場する機会はとても少ないのです。『古事記』では誕生して身を隠したと書かれているだけですし、『日本書紀』では異伝のひとつに登場するだけ。

世界の始まりから存在し、あらゆる生命の誕生と生育に寄り添ってきただけあって、天之常立神の主なご利益は五穀豊穣です。他には産業の振興にもご利益があると伝えられています。

妻の伊邪那美命と一緒に
最古の夫婦神として
たくさんの国や神を生んだ。
よいしょー
わー
ひゃー

伊邪那岐命《イザナギノミコト》

妻にすごく
叱られました

ご利益	夫婦円満、商売繁盛、開運招福、延命長寿
主要神社	伊弉諾神宮（兵庫）、江田神社（宮崎）、多賀大社（滋賀）など
別称	伊弉諾尊《イザナギノミコト》

愛妻家のはずが痛恨のミスを犯す

この世界が生まれる際に出現した「造化の三神」と「別天神五柱」は、後に身を隠してしまいます。その次に現れたのが、7代に渡る神様たち「神世七代」です。

その7代目として出現したのが、この伊邪那岐命と伊邪那美命《イザナミノミコト》でした。この2柱の神は夫婦であり、そして兄妹でもあるとされていますが、夫・伊邪那岐命、妻・伊邪那美命の夫婦として語られるのが一般的です。

そんな伊邪那岐命は妻のことが大好きなよき夫でした。なにしろ伊邪那岐命が死後も、妻ともう一度暮らしたいという一心で、黄泉の国に旅立ったほどです。

しかし、黄泉の国でようやく再会した妻は体が腐り、恐ろしい姿に

なっていました。それを見た伊邪那岐命はどうしたか？　なんと逃げ出したのです。自分を迎えにきたはずなのに、醜くなった姿を見て逃げ出す夫。当然、妻である伊邪那美命は大激怒。「1日に1000人を殺す」と言い出したのです。

　怒りに我を忘れた伊邪那美命の言葉に、伊邪那岐命は「ならば私は1日に1500の産屋を建てよう」と答えました。これが夫婦神の交わした最後の言葉となりました。

　伊邪那岐命は黄泉の国の穢れを落とすために禊を行い、天照大神《アマテラスオオミカミ》、須佐之男命《スサノオノミコト》、月読命《ツクヨミノミコト》の「三貴子」が誕生しました。

　日本の神様の創造神とも言える存在。それが伊邪那岐命と妻である伊邪那美命なのです。

伊邪那美命《イザナミノミコト》

イザナギの妻
でございます

ご利益	子宝、安産、縁結び、夫婦円満 など
主要神社	伊弉諾神宮（兵庫）、江田神社（宮崎）、花窟神社（三重）
別　称	伊弉冉尊《イザナミノミコト》、黄泉津大神《ヨモツオオカミ》

夫である伊邪那岐命は、伊邪那美命の姿を見て逃げていってしまう。
ひー
私よー

偉大なる母神様が死を司る神に

夫である伊邪那岐命《イザナギノミコト》と、たくさんの神様を世に誕生させた母神。それが伊邪那美命です。日本の神話におけるグレート・マザーとも言える存在です。

そんな伊邪那美命は、夫である伊邪那岐命を残して死んでしまいます。その理由というのも、実は子供がらみでした。火の神様である火之迦具土神《ヒノカグツチノカミ》を生んだ際の火傷が原因で、死んでしまったのです。

たとえ自分が死んでも、愛するわが子の誕生を優先させる。母親らしい慈愛にあふれた神様ですね。

そんな素敵な女神を、夫である伊邪那岐命は心の底から愛していました。だからこそ、妻を迎えに黄泉の国まで来てくれたのです。しかし、

黄泉の国から脱出した後、伊邪那岐命は人間の生命を司る神様になった。
伊邪那美命は黄泉の国にとどまり、人間の死を司る神様となる。
皮肉なことに、世界を作ったおしどり夫婦は正反対の立場となってしまった。

全身が腐り落ちてうじがわき、醜い外見となった伊邪那美命を見て伊邪那岐命が逃げ出してしまったのは、すでに書いたとおりです。

では、この後、伊邪那美命たちはどうなったのでしょうか。夫である伊邪那岐命は、命からがら黄泉の国から脱出して、人間の生命を司る神様となりました。

妻である伊邪那美命は黄泉の国にとどまることとなり、なんと人間の死を司る冥界の神様となったのです。

天津神の命によって世界に降り立ち、愛を誓ったおしどり夫婦は正反対の立場となってしまいました。

かつて多くの子を生んだ伊邪那美命が「死」の象徴となる。なんとも皮肉であり、とても悲しい結末です。

布刀玉命《フトダマノミコト》

ご利益	産業振興、技術向上、厄除け、縁結び
主要神社	安房神社（千葉）、天太玉命神社（奈良）、大麻比子神社（徳島）など
別称	太玉命《フトダマノミコト》、天太玉命《アメノフトダマノミコト》、大麻比子命《オオアサヒコノミコト》

天照大神のために神木を持って祈る

天照大神《アマテラスオオミカミ》が天岩戸に隠れてしまった際、多くの神たちは出てきてくれるよう祈りました。布刀玉命もそんな神々のうちの1柱です。

布刀玉命は榊（＝神木）を神への供物として大事に持ち、天照大神が姿を現してくれるよう祈ったと伝えられています。また、天児根命《アマノコヤネノミコト》という神様と一緒に、とても素晴らしい祝詞を奏上したとも残されています。「フトダマ」は祭具の玉の中でも特に立派なものを指し、布刀玉命はその玉の化身です。つまり、布刀玉命は祭祀に深く関わる神様ということです。

神社には神主さんがいますよね。祝詞をあげて、いろいろな祈願をするお仕事です。何を隠そう、神主さ

そこで
布刀玉命は
立派な
玉串を作って
大神に捧げ、
岩戸の扉を
開けさせる
手伝いをする。
ヤー！
いいねー
さらに大神が外に出ると、
機転をきかせ、用意していた
注連縄を岩戸の入り口に張って
戻れないようにするという
功績を果たす。
それー
このことが
神社でよく見かける
注連縄のルーツと
言われている。
また、この一連の行いから
「祭祀」の神様とも言われる。

んの起源となったのが、この布刀玉命。天照大神を呼び出すための祝詞をあげたのをはじめ、玉串や注連縄《しめなわ》といった現在の神道でもよく見られる道具を作ったのも布刀玉命なのです。

布刀玉命は高御産巣日神《タカミムスビノカミ》の子であるとされています。邇邇芸命《ニニギノミコト》が高天原から降臨（＝天孫降臨）する際、それに付き従った五部神の1柱として、姿を現しました。

この神様は、忌部氏の祖先神とされています。一緒に天照大神のために祝詞をあげた天児屋根命《アメノコヤネノミコト》は、中臣氏の祖先神です。

忌部氏と中臣氏はともに宮廷祭祀の祭具を納め、神事を担い、宮殿の造営も行いました。天皇家の祭祀を司る両氏は、良きライバル関係にあったのです。

宇迦之御魂神《ウカノミタマノカミ》

宇迦之御魂神は
稲荷神社の祭神として
知られている。
稲荷神社
稲荷神社

稲荷神社が
私のホーム

ご利益	五穀豊穣、厄除け、開運招福
主要神社	伏見稲荷大社（京都）、小津神社（滋賀）、全国各地の稲荷神社など
別　称	倉稲魂命《ウカノミタマノミコト》、稲荷神《イナリノカミ》

稲の神霊とされて五穀を司る

神社の中でも全国各地に数多くあり、代表的な存在とも言えるのが稲荷神社。この稲荷神社に祀られているのが、宇迦之御魂神という食物の神様です。特に稲の神霊であるとされ、五穀を司る神様とされています。

その誕生においては、伝承によって異なります。たとえば『古事記』では、須佐之男命《スサノオノミコト》の子ということになっています。一方『日本書紀』では、伊邪那岐命《イザナギノミコト》と伊邪那美命《イザナミノミコト》の子です。ちなみに伊邪那岐命が飢えたときに生まれた子であるとも言われています。

また、伊勢神宮外宮の神様である豊受姫神《トヨウケヒメノカミ》と同じ神様であるという説もあります。

名前の最初にある「ウカ」は、穀

名前に「稲」と付くように、本来稲荷は五穀（米、麦、粟、きび、豆）と養蚕を司る穀物神である。

稲荷
食物の主役である穀物、なかでも稲はその中心であり、代表的な食物神・稲霊として古くから民間に浸透してきた神様と言える。

キツネが稲荷神と勘違いされることも多いが、キツネは稲荷神の使いとされる霊獣。

キツネは穀物を荒らすネズミを捕って食べることから、キツネが神の使いと考えられるようになったという。

ひーっ！

待て〜


物を意味する言葉。「ウケ」も同じ意味で、豊宇気毘売神《トヨウケビメノカミ》も穀物の神様です。

この2柱の他にも「ウカ」「ウケ」の文字が名前に入る神様は、とても多くいます。かつての日本は今のように食料がありあまっていることはなく、その年の実りが人の暮らしを大きく左右しました。

そのことから穀物（＝食物）の神様は各地で祀られ、農民たちから「どうか今年も豊作でありますように」と祈願されてきたのです。

稲荷神社といえばキツネの像がよく置かれていますよね。食物を司る神様のことを御食津神《ミケツカミ》というのですが、名前の中にある「ケツ」がキツネの鳴き声に似ているのが由来だとされています。

大宮売神《オオミヤノメノカミ》

商売繁盛♪

京都の伏見稲荷大社で、主祭神である宇迦之御魂神に付き従うように祀られている。

ご利益	商売繁盛、五穀豊穣、厄除け
主要神社	伏見稲荷大社（京都）、大宮売神社（京都）、全国の稲荷神社
別称	大宮能売大神《オオミヤノメノオオカミ》

コミュ力に優れた商売と市場の女神

「記紀」すなわち『古事記』と『日本書紀』には登場せず、『古語拾遺』という資料に登場します。

天照大神《アマテラスオオミカミ》は天岩戸から出た後に新しい宮殿へと移りました。このとき天照大神に仕えたとされるのが、大宮売神です。

また、この女神は穀物の神である宇迦之御魂神《ウカノミタマノカミ》に仕えていた巫女であるともされています。平安の都では市場を守る存在として信仰され、商売の神様として神格化されるようになったのです。

大宮売神は天皇を守護する8柱の神の1柱に数えられます。組織の中で緩衝材もしくは潤滑油のような働きで組織をうまく機能させていたことから、天照大神や朝廷から重要視

されていたのが、その理由です。

バランス感覚に優れ、誰かと接することを得意とした大宮売神は、接客業を司る存在として、旅館や百貨店の神として崇められるようになりました。

接客の神様であるこの女神は、人を見る目も確かでした。天皇の宮殿に鎮座し、出入りする者をつぶさにチェック。悪霊が入ってこられないようにすることで、天皇やその臣下たちが悪に染まらないようにしていたのです。このような能力により朝廷から重要視され、天皇を守護する8柱の神の1柱に数えられるようになりました。

伏見稲荷大社では、主祭神の宇迦之御魂神のすぐ隣に祀られており、人々にとってどれだけ重要な神様であったかを物語っています。

神大市比売《カムオオイチヒメ》

神大市比売は市場の神として知られている。
いらっしゃいませー
いかがっすかー

ショッピングを楽しんでね

ご利益	商売繁盛、五穀豊穣、開運招福
主要神社	大歳御祖神社／静岡浅間神社内（静岡）、市比賣神社（京都）、大内神社（岡山）、湯田神社（三重）
別称	大歳御祖神《オオトシミオヤノカミ》

農業、穀物の神から市場を司る存在へ

祭神はすべて女神で、女性を守護するご利益を授かれるとして多くの参拝客が訪れる市比賣神社。その祭神の1柱が神大市比売です。

父は山を支配する神の大山津見神《オオヤマツミノカミ》で、夫は須佐之男命《スサノオノミコト》。ちなみに須佐之男命は怪物退治の際に助けた櫛名田比売命《クシナダヒメノミコト》を最初の妻として迎えていますので、神大市比売は2番目の妻ということになります。

須佐之男命との間には、2柱の神を子としてもうけています。大年神《オオトシガミ》と宇迦之御魂神《ウカノミタマノカミ》です。2柱の子供たちはいずれも、農業や穀物を司る神様。また、父である大山津見神も自然に関連しています。そこから神大市比売も、農業や穀物を司る神様である、というのが一般的な説のよう

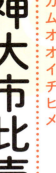

父は山の神である大山津見神。古代の日本では、市場とは山菜などの山の恵みを交換する場所だった。
その背景からも、山の神の娘である神大市比売が市場の神として信仰されるようになったのではないかと考えられる。
山の恵み
また、神大市比売は須佐之男命の妻であり、大年神、宇迦之御魂神といった代表的な穀物神を産んでいる。
お米できたよー

です。

ですが、神大市比売という名前には、「神々しいくらいに立派な市場」という意味が含まれています。農耕の神様なのに、なぜ名前は市場に関連するものなのか。その理由は、かつての生活スタイルによります。

今では買い物する際にお金を使うのが普通ですが、昔は物々交換によって必要な物を得ていました。中でも食物は誰もが欲しがる市場の主役。そのことから、商業が発展していくにつれて、穀物や農作物をもたらす神大市比売は、農耕だけでなく市場の守護神と見なされるようになっていったのです。

夫の須佐之男命や子供たちに比べて祀られる神社は少ないですが、市場を繁栄に導く神様として、重要な存在と言えます。

応神天皇《オウジンテンノウ》

八幡神社の
祭神であるぞ

応神天皇は八幡信仰の祭神とされ、八幡神・八幡大菩薩と呼ばれて文武両道の神として全国に広まった。
文武
両道

ご利益	国家安泰、産業振興、子孫繁栄
主要神社	宇佐神宮 、鶴岡八幡宮（神奈川）、石清水八幡宮（京都）
別称	八幡大菩薩《ハチマンダイボサツ》、誉田天皇《ホンダノスメラミコト》、大鞆和気命《オオトモワケノミコト》

海外文化を取り入れ日本を発展に導く

応神天皇は5世紀前半の大和朝廷の第15代天皇です。仲哀天皇《チュウアイテンノウ》と神功皇后《ジングウコウゴウ》の第4皇子として生まれました。

『日本書紀』によれば、父親の仲哀天皇は西方への遠征の際に亡くなり、神功皇后が三韓（新羅、百済、高句麗）に遠征したころには、すでにその胎内にあったそうです。

皇后は遠征を終えて帰った後、福岡県の筑紫で応神天皇を生んでいます。このエピソードから「胎中天皇」と呼ばれることも。

第4皇子であった応神天皇は、スムーズに皇位に就いたわけではありません。仲哀天皇の死後、腹違いの兄である忍熊皇子《オシクマノミコ》らと皇位継承を巡って対立したのです。忍熊皇子ら

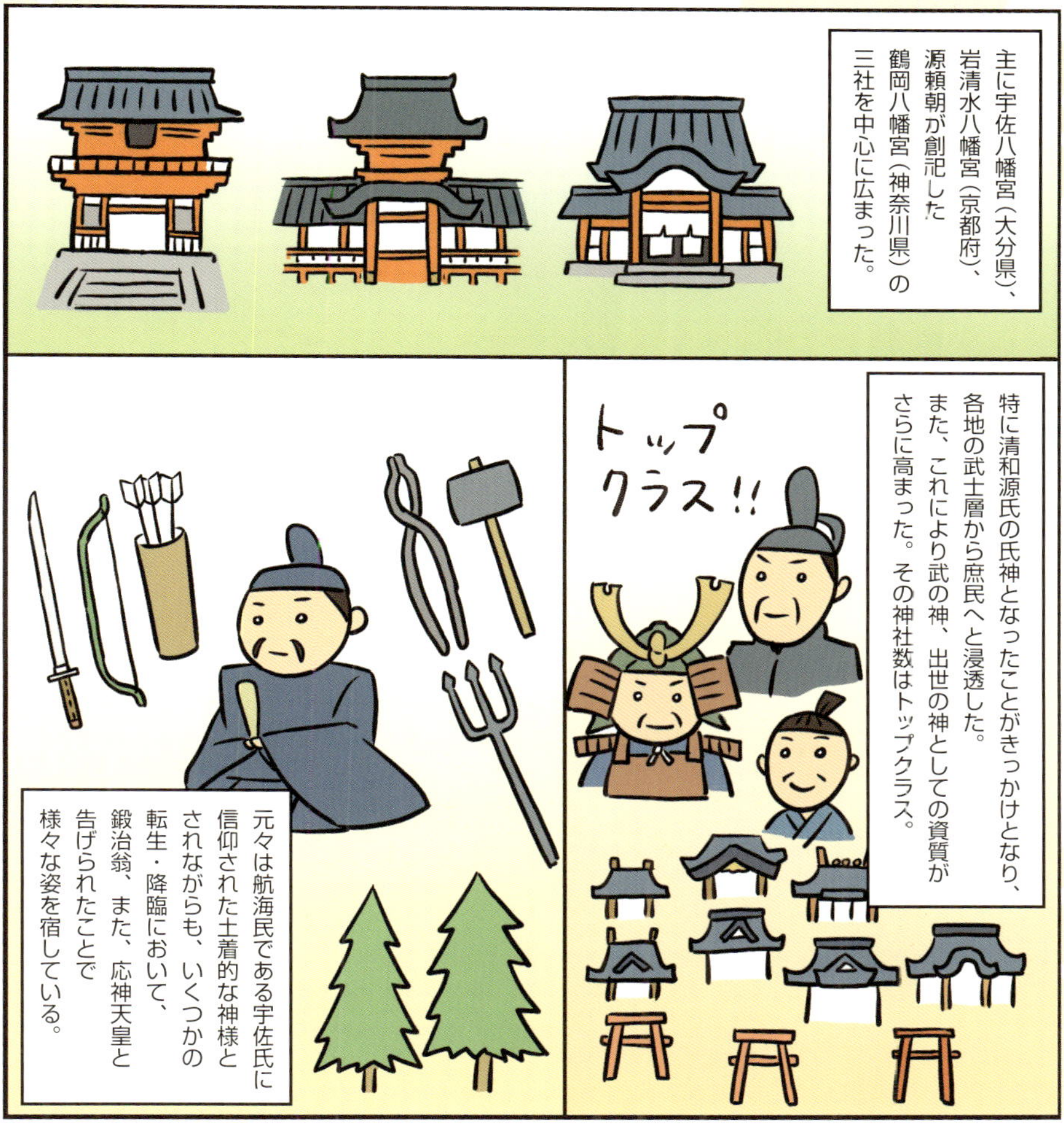
主に宇佐八幡宮（大分県）、岩清水八幡宮（京都府）、源頼朝が創祀した鶴岡八幡宮（神奈川県）の三社を中心に広まった。
特に清和源氏の氏神となったことがきっかけとなり、各地の武士層から庶民へと浸透した。また、これにより武の神、出世の神としての資質がさらに高まった。その神社数はトップクラス。
トップクラス!!
元々は航海民である宇佐氏に信仰された土着的な神様とされながらも、いくつかの転生・降臨において、鍛冶翁、また、応神天皇と告げられたことで様々な姿を宿している。

は神功皇后を倒そうとしましたが、敗北。自ら命を絶ちました。

晴れて正統な皇太子となった応神天皇は、母の死後、天皇の座に就いたのでした。応神天皇が即位した5世紀前半には、大和朝廷が大きく発展しました。

インフラを整備し、内政を安定させて国力は充実。さらに中国や朝鮮から多くの人が渡来し、それにともなって学問や技術が向上しました。神様の1柱に数えられる応神天皇は、政治家としてもとても優秀だったのです。

国を飛躍的な発展に導いたことから、応神天皇は国家安泰や産業振興のご利益があるとして崇敬を集めています。また、全国各地に4万社以上ある八幡神社の祭神「八幡大神」は、何を隠そうこの応神天皇なのです。

ヤマトタケルノミコト

倭建命

古代史の中で
最も有名なヒーローである倭建命。
じゃーん
草薙の剣

草薙の剣が
目に入らぬか

ご利益	必勝、開運出世、厄除けなど
主要神社	大鳥大社（大阪）、熱田神宮（愛知）、建部大社（滋賀）など
別称	日本武尊《ヤマトタケルノミコト》

日本神話におけるもっとも有名な英雄

日本神話におけるもっとも有名な神様の1人といえるのが、この倭建命です。名前の意味は「大和の勇者」で、『日本書紀』では「日本武尊」と書かれていますから、まさしく日本神話のヒーロー的存在なのです。

倭建命は、第12代景行天皇《ケイコウテンノウ》の皇子として誕生。父から各地を制圧するように命令を受けて、あらゆる場所で戦いました。

倭建命と名乗るようになったのは、熊曽《くまそ》（現在の九州南部）を平定してからです。それまでは小碓尊《オウスノミコト》などと呼ばれていました。

敵には正面からぶつかり、その勇猛さで撃破して勝利を得る。倭建命にはそんなイメージがあるかと思いますが、実は頭脳派でもありました。

熊曽を攻める際、倭建命は女装することで敵を油断させて見事勝利してみせたのです。

このように知謀にもすぐれた倭建命ですが、やはり優れていたのは武力です。しかし、あまりの勇ましさがゆえ、倭建命は父である景行天皇にけむたがられるようになりました。そんな状況で命じられたのが、東方への遠征でした。

駿河（相模とも）で倭建命は、賊軍の放った火に周りを囲まれます。しかし、叔母である倭姫命《ヤマトヒメノミコト》から与えられた草薙の剣を振るい、この危機を脱し、逆転勝利を飾ってみせました。

名剣を手に数々の武勲を得た倭建命だけに、必勝、開運出世など、勝負ごとに関係するご利益が期待できます。

天児屋命《アメノコヤネノミコト》

藤原氏のおかげで
超有名になったよ

ご利益	学業成就、所願成就
主要神社	枚岡神社（大阪）、春日大社（奈良）
別称	天児屋根命《アメノコヤネノミコト》

天岩戸に天照大神が
隠れてしまった時、
岩戸の前で祝詞を
唱えたのが
天児屋命である。
！
出ておいでー

美しく綺麗な声で祝詞を奏上した

28ページで紹介した布刀玉命《フトダマノミコト》は、天岩戸に隠れてしまった天照大神《アマテラスオオミカミ》が姿を現すよう、祈りました。そのとき、一緒に祝詞を奏上した神様が、天児屋命です。

名前は「言綾根」の意とされ、「綾なす」は「綺麗な」「美しい」という意味。「コヤ」は言葉を指します。つまり、綺麗な言葉を発する神様ということ。天照大神のために奏でた祝詞は、さぞや美しい歌声であったことでしょう。

また、邇邇芸命《ニニギノミコト》が高天原から降臨した天孫降臨に付き従った五部神の1柱というのも、布刀玉命と同じ。布刀玉命と天児屋命は、とてもよく似た神様といえるでしょう。

天児屋命は代々にわたって天皇に

その祝詞を聞いた大神はたいへん喜び、心を和らげたという。

すてき…

その後、天孫降臨に従って地上に降り、宮中の重要な祭祀を担当した。

子孫は中臣氏となり、のちに藤原氏として栄華を誇った。

中臣氏
藤原氏
上記、エピソードから天児屋命は「祝詞の神」と讃えられ、後に藤原家隆盛の象徴として出世の神様と知られるようになった。

出世

仕え、朝廷の祭祀を司ってきた中臣氏の祖先神です。その中臣氏の子孫にあたるのが藤原氏です。ご存じのとおり、藤原氏は日本史における名族のひとつ。

藤原氏の歴史は、中臣鎌足が大化の改新に尽力した功績を認められて、天皇から藤原姓を賜ったことが始まりでした。奈良時代に入るとさらに力をつけ、平安時代は藤原時代と呼ばれるほどの有力貴族となりました。

そんな藤原氏の祖先神である天児屋命は多くの人から崇敬を集めました。枚岡神社（大阪）、春日大社（奈良）などの神社で祀られるようになり、学業成就や所願成就のご利益があるとされ、今もたくさんの人が参拝します。

天之御中主神

アメノミナカヌシノカミ

北極星の化身といえば私のこと

古事記の冒頭で、高御産巣日神、神産巣日神とともに最初に高天原に出現した三神の一柱。

ご利益	所願成就、長寿、開運招福など
主要神社	秩父神社（埼玉）、水天宮（福岡）、岡太神社（兵庫）など
別称	天御中主尊《アメノミナカヌシノミコト》、妙見菩薩《ミョウケンボサツ》

世界の始まりに現れた神様の中の神様

高天原は神様たちの住む天上世界のことですが、この場所に初めて現れた神様を「造化三神」と言います。世界の誕生の際に誕生したとされる三柱の神様で、そのリーダー格とも言えるのが、天之御中主神です。

天界の中央にあって支配する神という意味で、『古事記』では神様の頂点という位置づけをされています。まさに神様の中の神様ともいえる天之御中主神ですが、実は各書物での記述は、決して多くありません。冒頭部分や別伝でちょこっとだけ紹介されているだけなのです。

天之御中主神などの神様たちが、「これで国作りをしなさい」と、伊邪那岐命《イザナギノミコト》と伊邪那美命《イザナミノミコト》の夫婦神に天沼矛《アメノヌボコ》を渡したという伝承がありま

その存在自体は観念的であり、神話でもどんな役割を果たしたかということはあまりよくわかっていない。
ただし神道では全知全能の力を備えた至上神（至高の根源を司る神）として考えられている。
ぴかー
のちに中国の道教の影響を受けた北極星信仰や仏教の妙見信仰と習合し、北極星の化身とされた。

すが、その他にはあまり見ることができません。また、藤原氏における天児屋命のように、祖先神となったわけでもありません。

　神様の中の神様なのに、どうしてそんなことになっているのか。それは天之御中主神が信仰の対象ではなく、観念や思念から生まれた神様だからというのが一般的な説です。

　実は天之御中主神にはモデルが存在するとも言われています。陰陽道の十二神将の主将である「天一神」や、北極星を神格化した最高神「天皇大帝《テンオウダイテイ》」といった中国の神様たちです。

　これら中国の高位な神様の特徴を受けた天之御中主神は、北極星の化身とされました。

国之常立神《クニノトコタチノカミ》

昔、宇宙に天ができ上がり、
地が固まった時、
最初に現れたのが
国之常立神だったと
日本書紀に書かれている。

昔は葦の芽
でした

ご利益	国家安泰、商売繁盛、出世、開運招福
主要神社	国常立神社（奈良）、玉置神社（奈良）、大鳥神社（東京）など
別称	国常立尊《クニノトコタチノミコト》

「日本書紀」では最初に出現した神

『古事記』では最初に出現した神様は、天之御中主神《アメノミナカヌシノカミ》など「別天神五柱」とされており、その次に現れたのが、「神世七代」の神様たち。その7代目として生まれたのは伊邪那岐命《イザナギノミコト》と伊邪那美命《イザナミノミコト》ですが、1代目、つまり神世七代で最初に姿を見せたのが、国之常立神です。

しかし『日本書紀』では違います。天地が分かれた後、最初に姿を見せた神様こそが、この国之常立神なのです。

そのころ、世界はまだ形が定まっておらず、ゼリーのようにうねうねと動いていました。そこに出てきたのが、植物の葦の芽のような形をしたものでした。国之常立神の最初の姿です。やがてその物体が神様へと

形を成したと伝えられています。

ちなみに「古事記」にも葦の芽のような物から神様になった存在が書かれています。こちらは国之常立神ではなく、宇摩志阿斯訶備比古遅神《ウマシアシカビヒコジノカミ》という別の神様です。

昔の人には葦は生命力の象徴であり、どちらの神様もそれを神格化したものと考えられています。

名前の「トコ」は土台を、「タチ」は出現を表します。すなわち、国の土台として出現した神様ということ。ここでいう国とは、日本やアメリカ、中国といった国家ではなく、人々が住む土地を意味すると考えるのが一般的です。

国之常立神は唯一神道とも呼ばれる吉田神道をはじめ、様々な神道において重要な存在として、崇められています。

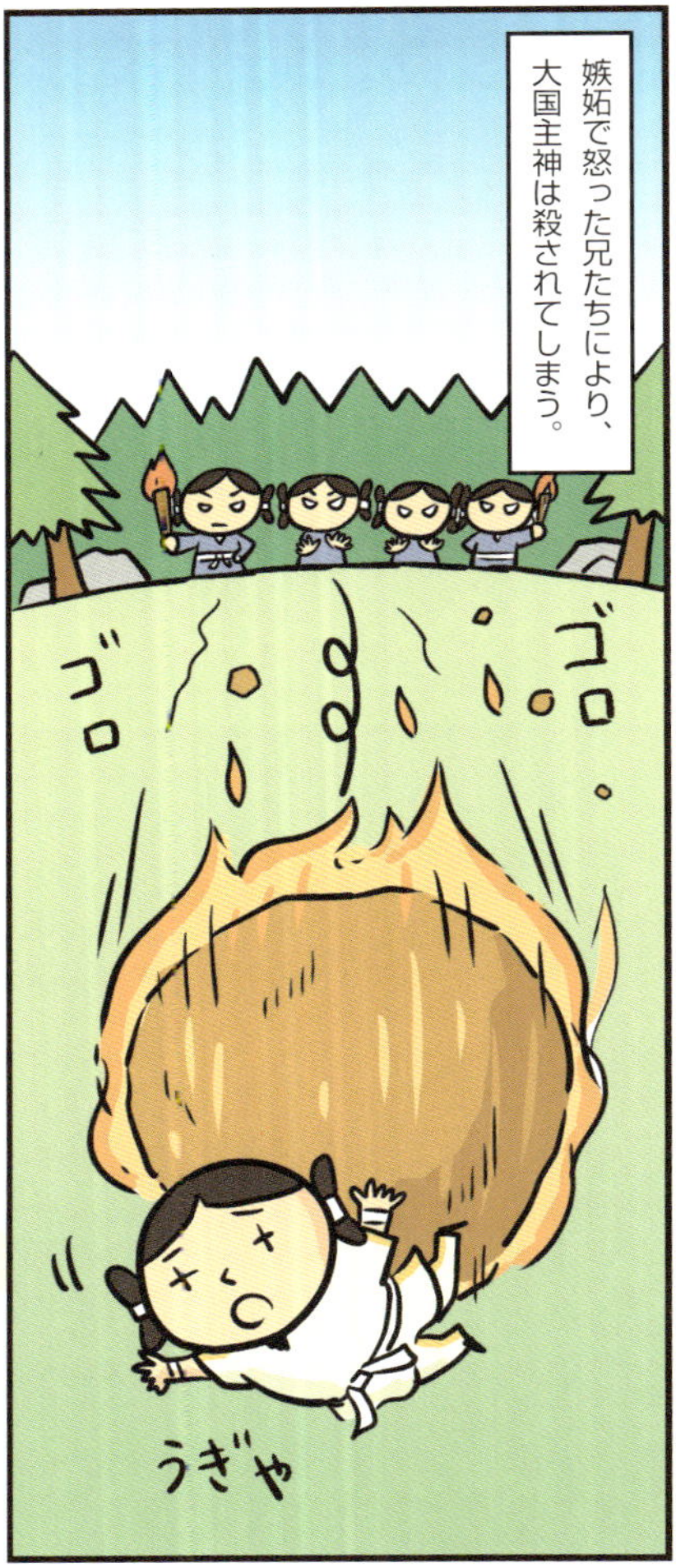
嫉妬で怒った兄たちにより、大国主神は殺されてしまう。
ゴロ
ゴロ
うぎゃ

蛤貝比売《ウムギヒメ》 𧏛貝比売《キサガヒヒメ》

医療なら私たちに
おまかせあれ

ご利益	病気平癒、延命長寿
主要神社	出雲大社(島根)、法吉神社(島根)、岐佐神社(静岡)
別称	宇武賀比売命《ウムカヒメノミコト》、支佐加比売命《キサカヒメノミコト》

貝殻の粉末で大国主神を救う

たとえ神様といえど、不老不死とは限りません。中には死んでしまった神様もいます。その中の1柱が、出雲神話の主人公である大国主神《オオクニヌシノカミ》です。

須佐之男命《スサノオノミコト》の子、あるいは子孫である大国主神は、ひょんなことから八上比売《ヤカミヒメ》という女神様と結婚します。

本来であればとてもおめでたいことなのですが、自分たちも八上比売にプロポーズしていた大国主神の兄たちは、嫉妬&激怒。あろうことか、弟である大国主神を殺してしまいました。

それではあまりにかわいそうだということで、神産巣日神《カミムスビノカミ》は大国主神を蘇生させるべく、2柱の神様を派遣しました。その2柱というのが、

蛤貝比売と𧏛貝比売です。

蛤貝比売はハマグリが、一方の𧏛貝比売は赤貝が、それぞれ神格化した神様。ちなみにどちらも女神です。

二柱の神様は天上界から降り立つや、さっそく大国主神の蘇生に取り掛かりました。自分の貝殻を削ってできた粉に水を混ぜて練り、薬を作ったのです。これを傷口に塗ってあげると、大国主神は無事に復活したと伝えられています。

ハマグリの貝殻を削った粉末は、「文蛤」という漢方薬として用いられています。また、民間療法として切り傷や痔の塗り薬としても使われていたとか。蛤貝比売と𧏛貝比売は神の力ではなく、きちんとした医学で大国主神を救った名医だったのですね。

猿田毘古神《サルタヒコノカミ》

ここだけの話
女には弱いんだ

その身長は2メートル以上で、赤ら顔で鼻が大きく、天狗のモデルとも言われている。
ぬん！
また、一部からその姿から外国人、渡来人の神様ではないかという指摘もある。
でか！

ご利益	開運招福、延命長寿、方位除けなど
主要神社	猿田彦神社（三重）、阿射賀神社（三重）、白鬚神社（滋賀）など
別称	精大明神《セイダイミョウジン》

邇邇芸命《ニニギノミコト》を高千穂まで案内した先導役

邇邇芸命が地上に降臨（＝天孫降臨）した際、先導役を務めた神様です。猿田毘古神は邇邇芸命の天孫降臨に、最初から同行していたのではありません。途中から合流したのです。邇邇芸命が地上へと降り立つ道中、まるで道をふさぐかのように、まばゆい光を放つ巨漢の神が立っていました。

邇邇芸命の一行としては、猿田毘古神にどいてほしいけれど、威圧感に押されぎみ。そこで邇邇芸命に付き従っていた女神・天宇受売命《アメノウズメノミコト》は、一計を案じました。なんと胸と陰部をさらけ出し、道を譲ってと笑顔でお願いしたのです。

あまりに唐突なお色気作戦でしたが、なんとこれが大成功。猿田毘古

神は道を譲るどころか、案内役を買って出たのでした。見た目はおっかない神様ですが、中身は結構な女好きだったようです。

　邇邇芸命を高千穂まで案内した後、猿田毘古神は天宇受売命とともに伊勢で暮らすようになりました。そう、例のお色気作戦をきっかけに2柱の神様は仲良くなっていたのです。

　天宇受売命とアツアツの日々を過ごしていた猿田毘古神を、ある日、悲劇が襲います。阿耶訶の地で海に潜って漁をしていた際、大きな貝に手を挟まれて溺れ、死んでしまったのです。

　ちなみに体が大きく、また、太くて長い鼻をしていた猿田毘古神は、天狗のモデルになったとされています。

神功皇后《ジングウコウゴウ》

女ひとりで
生き抜きます！

ご利益	安産、子宝、武運長久、家内安全
主要神社	宇佐神宮（大分）、住吉大社（大阪）、香椎宮（福岡）、八幡神社（全国）
別　称	息長帯比売命《オキナガタラシヒメノミコト》、気長足姫尊《オキナガタラシヒメノミコト》、聖母大菩薩《セイボダイボサツ》

夫である仲哀天皇の遠征に同行するが、
仲哀天皇は神の怒りにより急死。
うぇ〜

夫の死後、身重の体で新羅と戦って勝利

第14代仲哀天皇《チュウアイテンノウ》の妻で、夫の遠征に同行しました。夫の死後、後に応神天皇《オウジンテンノウ》となる子をお腹に宿しながらも新羅を攻め、勇敢に戦って勝利。戦いの最中で子を産むわけにもいかないと、出産を遅らせる効果のある鎮懐石《ちんかいせき》を腰に巻きつけ、無理やり出産を先延ばしにしたというエピソードがあります。女傑と呼ぶにふさわしい女神です。

父は第10代開化天皇《カイカテンノウ》の玄孫である息長宿禰王《オキナガノスクネノミコ》で、母方の先祖は新羅から日本にやってきた天之日矛《アメノヒボコ》という神様。つまり、天皇家と古代朝鮮の血を引いているのです。

特筆すべき勇猛さを持つ女戦士ですが、一方で巫女としての才能も持ち合わせていました。

夫に代わって新羅征伐を指揮し、見事制圧する。
その際、妊娠していた皇后は九州に戻ってから応神天皇を出産。
のちに応神天皇と一緒に神として祀られ、母子神信仰と結びつき、慈愛にあふれた安産・子育ての守護神とされた。
よしよし
ヤー
また、朝鮮遠征の活躍から航海安全、または武の女神といった側面もある。

ある日、神功皇后は航海の神である住吉神《スミヨシシン》から新羅を授けるという旨の神託を受けました。さっそく仲哀天皇にそのことを伝えましたが、天皇は一切信じませんでした。これにはせっかく神託を授けた住吉神が激昂し、怒りを買った仲哀天皇は死亡していまいます。その後、神功皇后は軍を率いて新羅を攻め、征服してみせました。

明治5年には、日本初となる肖像画入り紙幣（1円札）にもなった神功皇后。その存在は伝説上のものとするのが通説ですが、5世紀ごろの朝鮮半島の書物「好太王碑」には、神功皇后の新羅遠征を描いたとすることのできる記述があります。

息子である応神天皇が八幡信仰の象徴であるため、神功皇后も全国の八幡神社に祀られています。

大国主神《オオクニヌシノカミ》

兄神たちに嫉妬され、
2度も殺されるが
母神に助けられて蘇生。

国造りも恋愛も
スマートにね

ご利益	縁結び、夫婦円満、国家安泰
主要神社	出雲大社(島根)、気多大社(石川)、神田明神(東京)
別称	大國主大神《オオオクニヌシノカミ》、大穴牟遅神《オオナムチノカミ》、八千矛神《ヤチホコノカミ》

因幡の白兎を救った心優しき国造りの神

須佐之男命《スサノオノミコト》の子孫で、父は天之冬衣神《アメノフユキヌノカミ》です。須佐之男命を父とする伝承もあります。

勇ましさで知られる須佐之男命の血を引き、そして名前も立派な大国主神。このことから、いかにも強そうな神様を連想するかもしれませんが、実際はその真逆。なんと八十神ら兄神たちにいじめられるおとなしい神様でした。

そんないじめられっ子は、須佐之男命から刀と弓をもらうと性格が一変。どんどんたくましく成長していったと伝えられています。

また、大国主神は優しい心を持っていました。それを物語るエピソードが、あの有名な出雲神話「因幡の白兎」です。

1匹の白い兎が、因幡の国へ行くためワニ（鮫のこと）をだまして並ばせ、その背中を橋にして渡ろうとしました。しかし、だましていたことがばれて、皮をはがされてしまいます。

たまたま通りかかった大国主神が救ってあげると、白兎は「大国主神が八上比売《ヤカミヒメ》と結婚するだろう」と予言し、見事に的中。大国主神は八上比売と結ばれたのです。

そんな運命の結婚をしておきながら、大国主神は八上比売を含め6柱の姫神と結ばれました。ですが、正妻神とトラブルはなかったというから、かなりのやり手です。

少名毘古那神《スクナビコナノカミ》と組んで国造りを立派に遂げてみせるなど、ビジネス的手腕にも長けた大国主神。恋も仕事もスマートにこなす、とてもイイ男だったのです。

黄泉の国から戻った伊邪那岐命が禊をした際、鼻から生まれた神。
ひゅ〜
ごしごし
…
うりゃ〜
高天原で暴れまわり、天照大神が天の岩戸に隠れてしまう事件を引き起こす。

須佐之男命《スサノオノミコト》

昔はヤンチャしてましたね

ご利益 必勝祈願、縁結び

主要神社 熊野大社（島根）、須我神社（島根）、氷川神社（埼玉）

別称 建速須佐之男命《タケハヤスサノオノミコト》、素戔嗚尊《スサノオノミコト》

とんでもない乱暴者が怪物退治で英雄に

黄泉の国から戻ってきた伊邪那岐命《イザナギノミコト》が禊をした際、鼻の中から生まれました。同じく禊のときに誕生した天照大神《アマテラスオオミカミ》、月読命《ツクヨミノミコト》と並んで「三貴子」と呼ばれます。

「スサ」は「荒ぶ」「すさまじい」の意味で、その名のとおり勇ましさで知られる神様です。が、その勇猛さが行き過ぎてしまい、時折トラブルを起こしています。

天照大神が天岩戸に隠れてしまったのは、弟にあたる須佐之男命が天上界で暴れまくったせいです。田畑を荒らしたり、家々に汚物をまき散らしたりと、まさしくやりたい放題。天照大神が岩戸に隠れたくなるのも当然の乱暴ぶりです。

天照大神が岩戸から出てくるため

に多くの神々が動いたことを考えれば、方々に多大な迷惑をかけたといえるでしょう。

また、父である伊邪那岐命から海を統治するよう命令されたときには、これを拒否。母である伊邪那美命《イザナミノミコト》のいる黄泉の国に行きたいとわがままを言ったことから、天上界を追放されてしまいました。

姉からも父からも三行半を突きつけられたわがままな乱暴者は、出雲に降り立った後、怪物八岐大蛇《ヤマタノオロチ》を退治したことがきっかけで英雄となります。いけにえにされそうになっていた櫛名田比売命《クシナダヒメノミコト》を妻とし、その後は幸せな日々を送りました。

怪物退治に成功し、姫を救ったことから、必勝祈願や縁結びのご利益を与えてくれるとされています。

菊理媛神《ククリヒメノカミ》

伊邪那岐命が妻である
伊邪那美命を黄泉の国へ行き、
変わり果てた妻の姿を見て
逃げ帰ろうとしたとき、
黄泉比良坂で伊邪那美命と
言い争いになった。

ケンカは
やめて～

ご利益	縁結び、夫婦円満、安産、子育て
主要神社	白山比咩神社（石川）、白山神社（全国）
別　称	白山比咩神《シラヤマヒメノカミ》、白山比咩大神《シラヤマヒメノオオカミ》

神話史上最大の夫婦ゲンカを仲裁

死亡した妻・伊邪那美命《イザナミノミコト》を黄泉の国へ迎えにいった伊邪那岐命《イザナギノミコト》が、醜く変わり果てた妻を見て逃げ帰ろうとした際、この夫婦神は黄泉比良坂で口論となりました。

言い争いの最中、突如、2柱の前に現れた女神が菊理媛神です。菊理媛神は伊邪那岐命と伊邪那美命それぞれの言い分を聞き、そして伝える仲裁を買って出ました。

このとき菊理媛神が何やら言葉を発すると、伊邪那岐命は納得。元の世界へと戻っていきました。伊邪那美命もこれを追いかけることはありませんでしたから、よほど上手な説得の言葉だったのでしょう。しかし残念ながら、その詳しい内容は伝承には残されていません。

もしも菊理媛神の仲裁がなければ、夫婦神の仲はさらに険悪なものになっていたでしょう。

日本神話における最大の夫婦ゲンカをいさめた菊理媛神ですが、実は『日本書紀』にちょっと登場するだけ。『古事記』にいたっては出番すらありません。日本を救った大功労者にしてはさびしい限りです。

しかし、人間たちはこの女神様にきちんと尊敬の念を向けるようになりました。石川、福井、岐阜の3県にまたがる霊山「白山」を発祥とする白山信仰の祭神として、崇敬されるようになったのです。

伊邪那岐命と伊邪那美命のいさかいを仲裁したこと、そして名の「ククリ」が「括る」に通じることから、縁結び、夫婦円満にご利益があるとして参拝客が訪れます。

イワナガヒメノミコト

石長比売命

見た目だけで
判断するなんて

邇邇芸命が
木花之佐久夜毘売命との
結婚を申し入れた時、
娘さんを
ください…

ご利益	縁切り、延命長寿
主要神社	磐長姫神社（兵庫）、大将軍神社（京都）、雲見浅間神社（静岡）など
別　称	磐長姫《イワナガヒメ》、石長比売《イワナガヒメ》

容姿が醜いからと突き返される悲しい神

伊邪那岐命《イザナギノミコト》の子で山を支配する神である大山津見神《オオヤマツミノカミ》を父に持つ女神。木花之佐久夜毘売命《コノハナサクヤヒメノミコト》は妹にあたります。

石長比売命は「磐長姫」とも書き、これは岩のように永遠に変わることのない女性という意味です。

日本の神話には、不幸な目にあった神様がいますが、石長比売命の味わわされた不幸は、その中でもトップクラスと言えます。

あるとき、高天原から邇邇芸命《ニニギノミコト》が降臨してきました。天照大神《アマテラスオオミカミ》の孫で、天孫と称される神様です。邇邇芸命は吾田（現在の鹿児島県野間半島付近）で、木花之佐久夜毘売命に出会いました。その美しさに魅了され、すぐに結婚を申し込みました。

木花之佐久夜毘売命の父神である大山津見神は、求婚を受け入れるとともに、ひとつの提案をしました。人の命が盤石であってほしいという願いから、姉の石長比売命も邇邇芸命に進呈したのです。

しかし、ここで予期せぬ事態が起こりました。なんと邇邇芸命は、石長比売命の容姿が醜いからという理由で、送り返してきたのです。当然、美しき妹はきっちりとお嫁さんに迎えています。

石長比売命はこの仕打ちを呪いました。それからというもの人の命は盤石どころか、木の花のようにはかなく散るようになってしまったのです。邇邇芸命が石長比売命を受け入れていれば、いまごろ人間は不老不死でいられたかもしれません……。

コラム

七福神はこんな神様

七福神とは、七つの災難を滅して七つの福をもたらす七柱の福の神の総称です。インド、中国、日本の神様の中から、特に商人や庶民に愛された選抜メンバーなのですが、実は何度かのメンバーの入れ替わりを経て、今の形に定着したのは江戸中期と言われています。そのご利益に注目しましょう。

恵比寿《エビス》：ご利益は商売繁盛、五穀豊穣、大漁守護。イザナギ、イザナミの子・蛭子命《ヒルコノミコト》で、唯一の日本の神様。めでたい鯛を小脇に抱いているのが特徴です。

大黒天《ダイコクテン》：ご利益は、財宝、福徳開運、子孫繁栄。創造と破壊を司るシヴァ神の化身、マハーカーラが後に大国主命と同一視され大国様とも呼ばれる。打ち出の小づち、大きな袋を持った農業の神様です。

毘沙門天《ビシャモンテン》：融通招福、厄除けの神様。ヒンドゥー教の神で北方の守護神。戦いの神様としても知られ上杉謙信が進行していたことでも有名です。

弁財天《ベンザイテン》：知恵罪業、縁結び、芸能を司る神様。インド神話の水神サラスヴァティで、唯一の女の神様。琵琶を奏でているのが特徴です。

寿老人《ジュロウジン》：長寿延命、諸病平癒がご神徳。中国の道教の仙人で、白くて長いひげが特徴です。参拝すると多くの人の人望を得ることができます。

福禄寿《フクロクジュ》：長寿延命、富貴長寿、立身出世、子孫繁栄の神様。道教の神で南極星の化身と言われています。長い坊主頭と大きな杖が特徴です。

布袋《ホテイ》：笑門来福、夫婦円満、人徳の神。弥勒菩薩の化身と言われています。唯一、実在していた人物で元々は中国の禅僧・契此《かいし》。占いは百発百中でした。

七神を辿る「七福神巡り」は、現在も各地で行われています。ぜひご朱印帳を片手に参拝しましょう！

第2章

いろいろな職業に関する神様

豊宇気毘売神《トヨウケヒメノカミ》

豊宇気毘売神は
和久産巣日命の娘で、
食物すべてに関わる女神。

羽衣の天女も
私なんです

ご利益	五穀豊穣、開運招福、厄除けなど
主要神社	豊受大神社（京都）、伊勢神宮（三重）、東京大神宮（東京）
別称	豊受大神《トヨウケノオオカミ》、登由宇気神《トユウケノカミ》

天照大神《アマテラスオオミカミ》も求めた豊穣の女神

伊邪那美命《イザナミノミコト》から生まれた「生成する力」の象徴である和久産巣日命《ワクムスビノミコト》。その娘神が豊宇気毘売神です。名前の「ウケ」は「食物」のこと。豊かな食物をもたらし、特に稲の豊穣を司る神とされています。

日本人にとって欠かせない食物であるお米。それを司る神でありながら、伝承での記述は非常に少ないです。『古事記』ではほんの少しふれられているだけで、『日本書紀』には名前すら書かれていません。

とはいえ、生きるために必要な食物を司る神の存在は、とても重要。それは人間だけでなく、神にとっても同様でした。

天照大神は丹波国の神様である豊宇気毘売神を伊勢に呼び寄せていま

す。雄略天皇の夢に現れ、豊穣の神を読んでほしいと神託を下したのです。豊宇気毘売神はすぐさま伊勢に呼ばれ、天照大神の食事を司る御食津神《ミケツカミ》として祀られることになりました。伊勢神宮の下宮には豊受大神という祭神がいますが、この神様は豊宇気毘売神と同じとされています。

「羽衣伝説」という昔話があります。水浴び中に羽衣を取られた天女が、仕方なくその男に嫁ぐというストーリーが一般的ですが、実はこの羽衣伝説に出てくる天女が、豊宇気毘売神であると言われています。

　羽衣を取られてしまったり、天照大神から伊勢に呼び寄せられたりと、何かと大変な豊宇気毘売神にはちょっと同情したくなります。

月読命《ツクヨミノミコト》

だって汚いと
思ったし……

黄泉の国から戻った伊邪那岐命が
禊をした際、その右目から生まれた神。
わーい
ぴゅーん
ごしごし

ご利益	五穀豊穣、農業守護、豊漁など
主要神社	月読神社(長崎)、松尾大社(京都)、御形神社(兵庫)
別称	月神《ツキガミ》、月弓尊《ツクユミノミコト》、月読見尊《ツクヨミノミコト》

夜の世界を支配する月の神様

黄泉の国から戻ってきた伊邪那岐命《イザナギノミコト》は、汚れを落とすために禊をしました。その禊として右目を洗ったときに生まれたのが、月読命です。天照大神《アマテラスオオミカミ》は姉で、須佐之男命《スサノオノミコト》は弟にあたります。名前の「読」は数えること。つまり、月齢を数えるという意味を持つ、月の神様です。

父である伊邪那岐命は、天照大神には高天原を、月読命には夜の世界を統治するように言いました。『古事記』では、月読命の記述はこれで終わりです。以降はまったく登場しません。

一方、『日本書紀』には次のようなエピソードが残されています。

天照大神から下界にいる保食神《ウケモチノカミ》を見てくるように言われた月読命は、

地上世界に降臨しました。さっそく保食神に会いに行きました。保食神とは、食物、穀物を司る神様のこと。「ウケ」は食物を、「モチ」は持つの意味です。

　自分に会いに来てくれた月読命をもてなすべく、保食神は食事の用意をしました。口から吐き出した米や山海の幸を食べさせようとしたのです。悪気があってそうしたわけではありませんでしたが、月読命は「汚いことをするな」と大激怒。なんと保食神を斬り殺してしまったのです。

　これを聞いた天照大神は激昂。「愚かなことをした弟とは、もう2度と会わない」と決別を宣言します。その結果、昼と夜が分かれたとされています。

ワクムスビノカミ

和久産巣日神

農業と養蚕のエキスパート

伊邪那美命が火之迦具土神を生んだ際、苦しんでいる時に漏らした尿から生まれた。
大丈夫かの～
ん～…
しゅわっち！

ご利益	五穀豊穣、農業守護、養蚕守護
主要神社	愛宕神社（京都）、竹駒神社（宮城）、安積国造神社（福島）
別　称	稚産霊《ワクムスビ》

尿から生まれた農業と養蚕の守護神

伊邪那美命《イザナミノミコト》は火之迦具土神《ヒノカグツチノカミ》を生んだ際に負った火傷が原因で、病床にふせってしまいます。そのときに尿（ゆまり）から複数の神様が出現しました。弥都波能売神《ミヅハノメノカミ》に続いて現れたのが、和久産巣日神です。和久産巣日神は『古事記』における表記で、『日本書紀』では稚産霊と書かれます。

和久産巣日神も弥都波能売神も、尿から誕生したことから水の神様という属性を持ちます。また、糞尿は肥料にもなるので、自然にエネルギーを与える神力を持つとも解釈されています。

生命に欠かせない水の化身であり、自然に力を与えられる存在である和久産巣日神。その名前の「ワク」は

名前の「和久」は若、
「産巣」は生成の意味であり、
総じて穀物の生育を
司る神とされている。
嫁
妻
ともに尿から生まれた
弥都波能売神《ミツハノメノカミ》との間には、
食物神として名高い
豊宇気昆売神という神が
生まれている。

若さを、「ムスビ」は生成を意味します。若々しい命を育てて豊作をもたらす神として、農業に関わる人々から広く信仰されてきた神様です。

娘は豊受姫神《トヨウケヒメノカミ》。食物と穀物を司る女神であり、この性格は父である和久産巣日神から受け継いだものと考えられます。

和久産巣日神は養蚕の守護神としても広く信仰されています。『日本書紀』では、火之迦具土神が土の神様である波邇夜須毘売神《ハニヤスビメ》を妻にしたと書かれています。その子として生まれた和久産巣日神の頭には蚕と桑が生じたということから、養蚕の神様になりました。

主なご利益は農業守護、五穀豊穣、養蚕守護で、多くの農業関係者が参拝に訪れています。

大宜都比売神《オオゲツヒメノカミ》

悪いことしてないのに……

高天原を追放された須佐之男命。
しょぼん…
しっしっ

ご利益	五穀豊穣、養蚕、開運招福など
主要神社	白子神社（山形）、一宮神社（徳島）、上一宮粟神社（徳島）など
別称	大気都比売神《オオゲツヒメノカミ》

須佐之男命《スサノオノミコト》に斬られた悲劇の五穀の神

五穀や養蚕を司る神様です。阿波の国（現在の徳島県）の名の元になったとも言われています。これは阿波という地名と、穀物の粟（アワ）の読みが同じだけで、関係ないという説もあります。

大宜都比売神はある日、須佐之男命と出くわしました。須佐之男命はたびかさなる乱暴狼藉が原因で、天上界を追放されており、お腹は空腹状態です。

五穀の神である大宜都比売神を見た須佐之男命は、「食べ物を食べさせてくれ」とお願いしました。心優しい五穀の神は、これを快諾。鼻、口、尻などの穴から様々な食べ物を出すと、それを調理して須佐之男命に提供しました。

しかし、その一部始終を見ていた須佐之男命は、「汚いものを食べさせるんじゃない！」と怒り心頭。大宜都比売神を刀で斬って殺してしまったのです。

この話、どこかで聞いたことがあるなと思ったら、月読命《ツクヨミノミコト》が口から食物を出した保食神《ウケモチノカミ》を殺してしまった話ととてもよく似ています。須佐之男命は月読命の弟。おもてなしを仇で返すのですから、困った兄弟ですね。

須佐之男命に斬られて死んでしまった大宜都比売神は、頭から蚕、両目から稲、耳から粟といったように、全身から食物などが出現。神産巣日命《カンムスヒノミコト》という神様はこれを種にしました。穀物と養蚕を司る大宜都比売神には、五穀豊穣のご利益が期待できるとされています。

大年神《オオトシガミ》

怒らせると
怖いかも

須佐之男命の息子であり、稲荷神である宇迦之御魂神を妹に持つ。
父
母
妹

ご利益	五穀豊穣、農業守護、防災
主要神社	葛木御歳神社（奈良）、下谷神社（東京）、大蔵祖神社（静岡）
別　称	御歳神《ミトシノカミ》

須佐之男命《スサノオノミコト》の子で実りをもたらす年神

「年神」というと、毎年正月に家々を訪れる神様のことを指す場合が多いですが、「年」を穀物の実りとして指すこともあります。大年神は後者の意味で、穀物を司る神様として信仰される存在です。

大年神は須佐之男命と、大山津見《オオヤマツミ》神《ノカミ》の娘である神大市比売《カムオオイチヒメ》の間に誕生した子で、宇迦之御魂神《ウカノミタマノカミ》の兄とされています。神大市比売は後に市場の神様となりますが元々は農業の神様で、宇迦之御魂神も稲の神霊とされる存在。このことからも大年神が、豊作をもたらす力の持ち主であることがわかるでしょう。

加えて、水害が起こると大年神に供え物をしていたと伝えられており、風雨から人々や田畑を守護する神と

かまどの神である
奥津日子神《オキツヒコノカミ》や、
酒の神の大山咋神《オオヤマクイノカミ》など
たくさんの子を持つ父でもある。
正月にやってくる
民俗神の年神と一緒になり、
広く信仰されるようになった。
門松はこの神の依代とされ、
鏡餅は大年神に
供えるものである。

しても敬われていたようです。

人々に恵みをもたらしてくれる大年神ですが、実はある出来事で激怒したことがあります。

太古の昔、大地主神《オオトコヌシノカミ》が農民に牛肉を振る舞いました。これに大年神は怒り、田にイナゴを放ったのです。イナゴたちはたちまちのうちに稲や葉を食い荒らしてしまいました。大地主神は白猪、白馬、白鶏を捧げて謝罪すると、大年神はこれを受諾。大地主神にイナゴを追い払う方法を教えてあげました。大地主神がそのとおりにやってみるとイナゴは去り、稲はみるみる育って豊作になったとか。

大国主神《オオオクニヌシノカミ》の国造りにも助力したと伝えられるこの神様は、葛木御歳神社（奈良）などで、農業の神様として祀られています。

櫛名田比売命《クシナダヒメノミコト》

あぶない
ところでした

ご利益	五穀豊穣、縁結び、夫婦円満
主要神社	稲田神社（島根）、須佐神社（島根）、八重垣神社（島根）
別称	奇稲田姫《クシナダヒメ》、稲田姫《イナダヒメ》、稲田姫命《イナダヒメノミコト》

櫛名田比売命は、出雲の土着神である足名椎神《アシナズチ》、手名椎神《テナズチ》の8番目の娘で絶世の美女と言われた。
姉たちが毎年一人ずつ八岐大蛇の生贄になり、

怪物から救われて須佐之男命《スサノオノミコト》の妻に

出雲の斐伊川に年老いた夫婦神が住んでいました。夫の名は足名椎神《アシナズチノカミ》、妻は手名椎神《テナヅチノカミ》といいます。この夫婦は多くの娘をもうけましたが、その八女として誕生したのが、櫛名田比売命です。絶世の美女であったと伝えられています。

足名椎神と手名椎神の愛娘たちは、悲劇の運命を送ることをよぎなくされていました。頭と尾を8つずつ持ち、目がギラギラと赤く光る大蛇である八岐大蛇《ヤマタノオロチ》に、毎年娘の一人がいけにえとして捧げられていたのです。

1人、また1人と姉たちが八岐大蛇に食われ、ついに八女の櫛名田比売命にいけにえの順番が回ってきました。

そんな絶体絶命のピンチに現れた

ついに櫛名田比売命の番になった時に、須佐之男命が現れて八岐大蛇を退治することに。
しくしく
いやじゃー
櫛名田比売命は櫛に姿を変えて須佐之男命に同行。
八岐大蛇を酒で酔わせ、眠らせたところを
うめー
ぷはぁ
見事退治したのだった。
やー
その後は須佐之男命の妻になり、出雲の須賀に宮を営み、幸せに暮らしたという。
めでたいなー

のが、須佐之男命《スサノオノミコト》です。櫛名田比売命の美しさに一目惚れした須佐之男命は、この女神を嫁にもらうことを条件に、八岐大蛇の退治を引き受けます。そして須佐之男命は、酒に酔わせたところを斬るという作戦を用い、怪物退治に見事成功。このときに八岐大蛇の体内から見つかったのが、かの有名な草薙の剣です。

ちなみに櫛名田比売命は戦いの前に櫛に姿を変えられており、須佐之男命の髪に挿されていたとか。

約束どおり櫛名田比売命は、須佐之男命と結婚。出雲の地で仲よく暮らしました。

名前の「クシナダ」は「奇なる（神秘的な）稲田」の意味。櫛名田比売命には縁結びだけでなく農業のご利益があるのは、そのためです。

天之忍穂耳命《アメノオシホミミノミコト》

霧から
生まれました

天照大神と須佐之男命による誓約により生まれる。
ヤー!!
ぱりーん

ご利益	五穀豊穣、農業守護、開運招福など
主要神社	英彦山神宮(福岡)、天忍穂耳神社(奈良)、西寒多神社(大分)
別称	正勝吾勝勝速日天之忍穂耳命《マサカアカツカツハヤビアメノオシホミミノミコト》、天忍穂耳尊《アマノオシホミミノミコト》

天照大神《アマテラスオオミカミ》の子にあたる稲穂の神霊

あることの吉凶、真偽を判断するために占うことを「誓約(うけい)」と言います。天照大神と須佐之男命《スサノオノミコト》の姉弟がこの誓約をした際、須佐之男命は天照大神から御統《みすまる》の玉をもらいました。

御統とはたくさんの玉に糸を通して環状にした装飾品です。須佐之男命がこれを水で洗い清めてから噛み、息を吐くと霧が出てきました。それと同時に出現したのが、天之忍穂耳命です。

須佐之男命が吐き出した息から出現していますが、誕生のきっかけを作った御統の玉の持ち主である天照大神の子という扱いになります。名前のオシホミミの「オシ」「威圧的」を表す美称で、「ホミミ」は稲穂の

こと。つまり、天之忍穂耳命は稲穂の神霊ということになります。

天之忍穂耳命はあるとき、母である天照大神から、地上に降り立つように命じられます。しかし、天之忍穂耳命は「地上は荒れているから」と、これを拒みました。

その後、建御雷神によって地上は平定。再度、母から地上に降りて統治をするように言われました。地上に降臨する準備をしていたときに子・邇邇芸命《ニニギノミコト》が生まれると、天之忍穂耳命は邇邇芸命を地上へと向かわせました。どうしても天界から離れたくなかったようです。

そんな出不精な天之忍穂耳命は、五穀豊穣や農業の神様として、福岡の英彦山神宮や、奈良の天忍穂耳神社、大分の西寒多神社などに祀られています。

邇邇芸命《ニニギノミコト》

女心って
難しいよね

「天孫」と称されるように、天照大神の孫であり、天孫降臨神話の主役である。
天孫
じゃーん
私の息子です
私の孫ね!!

ご利益	五穀豊穣、国家安泰、子孫繁栄、夫婦円満
主要神社	霧島神宮（鹿児島）、新田神社（鹿児島県）、烏森神社（東京）など
別称	瓊瓊杵尊《ニニギノミコト》

天照大神《アマテラスオオミカミ》から三種の神器を授けられる

父は、天照大神の子である天之忍《アマノオシ》穂耳命《ホミミノミコト》。母は、三重県の椿大神社の祭神である栲幡千々姫命《タクハタチヂヒメノミコト》。天照大神の孫であり、また神々の子孫という意味から「天孫」とも称されます。

伊邪那岐命《イザナギノミコト》と伊邪那美命《イザナミノミコト》の夫婦、そして天照大神など、他の神様と多く関わりを持つ神様がいますが、邇邇芸命もその1柱。神様の中でも重要な地位にあり、また、活発に動いたということなのでしょう。

邇邇芸命は生まれてすぐに、地上へと降り立っています。父である天之忍穂耳命に代わり、地上を統治するためです。このとき邇邇芸命は、天児屋命ら五柱の神様（五部神）を従えています。

天照大神の血統を継ぐ邇邇芸命は、

生まれるとすぐに天照大神に地上を統治するように命じられ、
地上へ行って!!
息子にまかせます
その際、後の皇位のシンボルとなる三種の神器(勾玉・鏡・草薙の剣)を天照大神から授かり、
五柱の神を従えて降臨する。
いざ!!
降臨した邇邇芸命は、大山津見神の娘である木花之佐久夜毘売命に出会って一目惚れ。彼女を妻に迎える。
はあ～
神名は稲穂が豊かに実るさまを表しているとも言われ、農業の神様としても讃えられる。
中でも天孫降臨に際し、三大神勅(三つの勅命)を天照大神から授かり、この時、地上にもたらされたものが稲穂、つまり、農業とも言われる。

その偉大なる女神から、三種の神器を授かりました。八咫鏡《やたのかがみ》、草薙《くさなぎ》の剣《つるぎ》、八坂瓊曲玉《やさかにのまがたま》からなる三種の神器は皇位の証です。

そんな立派な神様ですが、一目惚れした木花之佐久夜毘売命《コノハナサクヤヒメノミコト》に求婚した際、一緒についてきた石長比売命《イワナガヒメノミコト》を「容姿が醜いから」という理由で突き返すという、非道な仕打ちを行っています。

しかも、結婚した妻・木花之佐久夜毘売命が一晩をともにしただけで懐妊すると、自分の子供なのかと疑う始末。

なんともいえない一面を持つ邇邇芸命ですが、天孫降臨によって地上世界を豊作に導くという功績を残しています。女性の気持ちには無頓着な神様ですが、その実績はさすがといえるでしょう。

高倉下《タカクラジ》

紀伊の熊野に進攻した神武天皇とその軍隊は、現れた大きな熊の発する毒気に冒されてピンチに陥った。
がお～
ひーっ!!

神武天皇！
いま行きますぞ

ご利益	倉庫守護、開運招福、延命長寿など
主要神社	高倉神社（三重）、神倉神社（和歌山）
別　称	天香山神《アメノカグヤマノカミ》

霊剣を渡して神武天皇命《ジンムテンノウ》を救う

神武天皇の東方遠征は様々な苦難にみまわれましたが、最大の危機は熊野で起こりました。熊の化け物が天皇の軍の前に現れて、毒を浴びせてきたのです。

兵士たちは次々と気絶して、指揮を取る天皇もどんどん弱っていきます。神武天皇らを襲う最大のピンチ！　そこに登場したのが、熊野の豪族である高倉下でした。

高倉下から大刀を渡されると、神武天皇と兵たちの体にエネルギーが沸いてきて、一気に覚醒。神武天皇は大刀を振って毒気を払うとともに、熊の怪物を見事に成敗したのです。

神武天皇は高倉下に事の次第を聞きました。高倉下は「天照大神《アマテラスオオミカミ》の命を受けた建御雷神《タケミカヅチノカミ》が夢に現れ、神

武天皇を助けるために大刀を授けるというお告げがあった」と告げました。翌朝、目が覚めてみると、夢に出てきた大刀が倉にあったので、それを持ってきたというのです。

この大刀は「布都御魂《フツノミタマ》」と言い、建御雷神が地上を平定したときに使用していた霊剣でした。建御雷神は自分が地上に赴く代わりに霊剣を下界に下ろし、それを高倉下がきちんと運んだからこそ、神武天皇は助かったのでした。

初代天皇の命を救ったことがクローズアップされる高倉下ですが、各地の開拓を司ってきた国造りの神様でもあります。名前の「クラジ」は倉の主の意味で、倉庫守護という珍しいご利益は、そこからきています。

天之菩卑能命《アメノホヒノミコト》

大国主神の
おそばにいたい

天照大神と
須佐之男命による
誓約により生まれた
大神の次男。
それー
じゃーん

ご利益	学問上達、受験合格、国家安泰
主要神社	天穂日命神社（鳥取）、出雲伊波比神社（埼玉）、能義神社（島根）
別称	天穂比命《アマノホヒノミコト》

大国主神《オオクニヌシノカミ》に惚れ込み国護りの仕事を放棄？

邇邇芸命《ニニギノミコト》が生まれた天照大神《アマテラスオオミカミ》と須佐之男命《スサノオノミコト》の誓約の際、五柱の男の神（五男神）が誕生しています。天之菩卑能命もその1柱です。その名前は稲穂の神霊を意味します。『国護り神話』に登場する神様で、天界から葦原中国《あしはらのなかつくに》に、国を守護するための最初の使者として派遣されました。

第一の使者として送り込まれたわけですから、当然、天之菩卑能命には大きな期待を寄せられていたはずです。ところが天之菩卑能命は、その期待に応えることができませんでした。

なんと天之菩卑能命は、出雲にいる国造りの神・大国主神にこびへつらうばかり。3年もの間、天界に戻っ

てくるどころか、仕事の進行状況の連絡すらも一切しなかったのです。

大国主神といえば、八上比売《ヤカミヒメ》を妻としながら、他の女神たちとも関係を結んだ神話史上最強のプレイボーイ。それだけにとても魅力的な神様で、女神どころか男神にも好かれたのでしょうか。

これは『古事記』に書かれた逸話ですが、『出雲国造神賀詞《いずものくにのみやつこのかんよごと》』では違います。天之菩卑能命はきちんと天界に戻ってきており、しかも子である天夷鳥命《アメノヒナトリノミコト》を地上に派遣したともあります。はてさて、一体どちらが真実なのでしょうか。

ちなみに天之菩卑能命の子孫には、菅原道真《スガワラノミチザネ》がいます。天之菩卑能命のご利益に勉強や受験関連があるのは、学問の神様の祖先であるがゆえとも考えられます。

鵜葺草葺不合命《ウガヤフキアエズノミコト》

叔母と結婚
しました

海幸山幸神話の主人公である日子穂穂手見命（山幸彦）と、海神の娘の豊玉毘売命の間に生まれる。

ご利益	子宝、安産、開運招福など
主要神社	鵜戸神宮（宮崎）、宮崎神宮（宮崎）
別称	彦波瀲武盧茲草葺不合尊《ウガヤフキアエズノミコト》、天津日高日子波限建鵜葺草葺不合命《アマツヒコヒコナギサタケウガヤフキアエズノミコト》

サメを母に持つ初代天皇のパパ

山幸彦《ヤマサチヒコ》とも呼ばれる日子穂穂《ヒコホホ》手見命《デミノミコト》を父に、海神の娘である豊玉毘売命《トヨタマヒメノミコト》を母に持つ神様です。

その名前には、「海の近くに建てた産屋に鵜の羽で屋根をふこうとしたが、それがふき終わらないうちに生まれた」という意味があります。

鵜が出てくるのは、「産屋（ウブヤ）」が「ウブガヤ」となり、ここから「鵜の葺草（ウノカヤ）」の逸話が生まれたという説や、ノドの広い鵜がスムーズな出産を表すからという説など、諸説が存在します。

鵜葺草葺不合命の父は、母から「出産しているところを見ないで」とお願いされていました。しかし、約束を破って覗いた父が見たのは、子を生もうとするサメの姿でし

た。そう、母である豊玉毘売命の本当の姿はサメだったのです。

その事実を知った父は驚いて逃げ出し、母はいたたまれなくなって実家に戻ってしまいます。結局、母は帰ってこず、鵜葺草葺不合命の家は父子家庭となりました。それをかわいそうに思った豊玉毘売命が、お世話係として送ったのが、自分の妹である玉依毘売命《タマヨリヒメノミコト》でした。

いつしか鵜葺草葺不合命は叔母にあたる玉依姫を愛するようになり、2神は結婚。玉依姫は4人の男の子を出産しました。

4番目に生まれたのが、後に神武天皇《ジンムテンノウ》となる男児でした。現在も続く天皇家の歴史は、鵜葺草葺不合命の存在なくしてはありえなかったのです。

邇芸速日命《ニギハヤヒノミコト》

ワシは神武天皇につく……

邇邇芸命よりも前に天より降臨し、大和地方を支配していた土豪長髄彦の元に身を寄せ、一族の主君として君臨していた。
戦うぞ!!
敵が攻めてきます!!

ご利益	病気平癒、心願成就
主要神社	物部神社（島根）、物部天神社（埼玉）、磐船神社（大阪）
別称	饒速日命《ニギハヤヒノミコト》、天照国照彦天火明櫛玉饒速日尊《アマテルクニテルヒコアメノホアカリクシタマニギハヤヒノミコト》

義理の兄を裏切り 神武天皇《ジンムテンノウ》に帰順する

天界（高天原）の神を「天津神《アマツカミ》」、地上の神を「国津神《クニツカミ》」と言いますが、邇芸速日命は天津神につながる神様です。

神武天皇が大和（今の奈良県）に至ったとき、すでにこの地は豪族である長髄彦《ナガスネヒコ》が治めていました。長髄彦は神武天皇に抵抗しますが、その際に頼っていたのが邇芸速日命です。

邇芸速日命は神武天皇がやってくる遥か以前に、天磐船《アマノイワフネ》に乗って大和に降り立ったとされています。その後、長髄彦の妹と結婚し、大和に定着していました。

長髄彦にとってみれば、邇芸速日命は義理の弟にあたりますから、ともに神武天皇と戦うものと当然思っていたことでしょう。

ですが、そうはなりませんでした。

神武天皇に正統性を見出した邇芸速日命は抵抗を続ける長髄彦を殺し、神武天皇を主として従うことにしたのです。このとき邇芸速日命は、天津神の証である「天つ瑞」を献上したと伝えられています。

邇芸速日命は物部氏の祖神としても有名です。物部氏は古代日本において、大きな勢力を誇った豪族でした。大和朝廷の政治や軍事を担い、5世紀ごろからは大連（官職の最高位）となり、蘇我氏に敗北するまでは権力をほしいままにしました。

物部氏が編集した『先代旧事本紀』によると、邇芸速日命は邇邇芸命《ニニギノミコト》の兄とも言われています。邇芸速日命は島根の物部神社、埼玉の物部天神社などに祀られています。

カカシの姿をしていて
歩くことはできないが、
この世のことなら
なんでも知っている。

クエビコノカミ 久延毘古神

わからないこと
なんでも聞いて

ご利益	農業守護、受験合格、学問上達
主要神社	久延毘古神社(奈良)、 久氐比古神社(石川)
別称	久延毘古《クエビコ》、山田之曽富騰《ヤマダノソホド》

なんでも知っている物知りなカカシの神

『古事記』に登場する、なんでも知っている物知りな神様です。「クエビコ」は「崩え彦」とも書き、これは体の崩れた男性の意味になります。風雨のせいで体が崩れてしまったカカシという意味もあり、「国作り神話」にはカカシの名前として書かれています。

大国主神《オオクニヌシノカミ》がある日、出雲の岬から海を見ていると、蛾の皮でできた服を着た神様が船に乗って近づいてきました。大国主神はそれが誰かわからず、周りに聞いてみましたが、誰も船上の神様の名前を知りません。

そのとき、1匹のヒキガエルが言いました。「久延毘古神なら知っているだろう」。大国主神はさっそく久延毘古神に尋ねました。すると久

延毘古神は「あの神様は神産巣日命《カンムスヒノミコト》の子である少名毘彦那神《スクナビコナノカミ》だ」と答えたと伝えられています。大国主神は、後に相棒となる少名毘彦那神の名をこうして知ることになったのでした。

「足は行かねども、ことごとに天の下の事を知れる神なり」とは、久延毘古神を讃えた言葉です。「カカシだから一歩も歩けず、そこから動くこともできないけれど、天下のあらゆることを知っている」という意味です。

カカシは田畑に置き、人がいるように見せかけて害鳥や害獣を追い払うものです。カカシの神様である久延毘古神のご利益は、やはり農業守護。そして物知りということから、学力の向上や受験の合格のご利益も期待できます。

神名は「桜の花が咲くように美しい女神」を意味しており、名前の通り美しい神様。

木花之佐久夜毘売命《コノハナサクヤヒメノミコト》

神様界きっての美女なんですの

ご利益	子宝、安産、火難除け
主要神社	富士山本宮浅間大社（静岡）、子安神社（三重）
別称	神阿多都比売命《カミアタツヒメノミコト》、酒解子神《サケトケノコノカミ》

出産のための産屋を自ら火で燃やす

神様界で絶世の美女とされているのが、この木花之佐久夜毘売命《コノハナサクヤヒメノミコト》。きっと人間でいう美人とは比較にならないほど、とても美しい女神様なのでしょう。大山祇神の娘で、姉には石長比売命がいます。

人間界では美しい女性は男性を一瞬で魅了してしまいますが、それは神様の世界でも同じでした。天照大神《アマテラスオオミカミ》の孫にあたる邇邇芸命《ニニギノミコト》は、下界に降臨するなり木花之佐久夜毘売命の美しさに一目惚れ。すぐさま求婚を受けました。そのとき、一緒に献上された石長比売命を邇邇芸命が突き返すというトラブルはあったものの、木花之佐久夜毘売命自身は邇邇芸命と結ばれました。

その一夜の契りによって木花之佐

久夜毘売命は妊娠しますが、邇邇芸命はたった一夜で妊娠するものなのかと疑います。この態度に木花之佐久夜毘売命は大激怒。「邇邇芸命の子であれば、無事に生まれるに決まっている」と、なんと産屋に火をつけたのです。

結果として、燃え盛る産屋の中で木花之佐久夜毘売命は無事に出産。火照命《ホデリノミコト》、火須勢理命《ホスセリノミコト》、火遠理命《ホオリノミコト》という3柱の神様が誕生しました。ちなみに火須勢理命の孫が、初代天皇である神武天皇《ジンムテンノウ》です。

山の神の娘であることから、木花之佐久夜毘売命は富士山の神として浅間神社に祀られました。富士山がいつまでもその美しさを保っているのは、木花之佐久夜毘売命のおかげかもしれませんね。

事代主神《コトシロヌシノカミ》

ビールの缶で
おなじみじゃろ？

ご利益	豊漁、航海安全、五穀豊穣、商売繁盛、家内安全など
主要神社	美保神社（島根）、長田神社（兵庫）、三嶋大社（静岡）
別称	八重事代主神《ヤエコトシロヌシノカミ》、積羽八重事代主神《ツミハヤエコトシロヌシノカミ》

建御雷神が出雲にやってきて、
父である大国主神に
国を譲るように迫った。
ちょっと待ってー

神武天皇《ジンムテンノウ》の妃を生んだ釣りが大好きな神様

事代主神というと聞き慣れていない人が多いでしょうが、七福神の「えびす様」というと、わかりやすいでしょう。

名前の「コトシロ」は「コト」が言葉、「シロ」が知るの意味。天皇を守るために託宣（他人に乗り移ったり、夢に現れたりなどをして、お告げをすること）をする役目をになっています。

父は出雲の国を作った大国主神。ある日、高天原の使者として建御雷神が出雲を訪れて「この国を譲れ」と迫ってきました。これに対して大国主神は、息子である事代主神に全権を委ねました。そして事代主神が出した答えは国譲り。つまり、高天原に帰順することを選んだのです。

その後、事代主神はまじないで身を隠しますが、高天原に帰順した神としては大物主神《オオモノヌシノカミ》と並び有力な存在とされるようになりました。

出雲の神様ですが、大和朝廷との関わりが深かったことでも知られています。事代主神はある姫様と結ばれて娘をもうけますが、その子は後に神武天皇の皇后となりました。

釣りがとても大好きな神様で、そのことから海と関わりの深いえびす様と同一視されるようになりました。事代主神のご利益には豊漁、航海安全といった海にまつわることだけでなく、五穀豊穣や商売繁盛、家内安全などもあり、これは七福神の一神であるえびす様が、人々に様々な福徳を授ける神様であることが関係しています。

伊奢沙別命《イザサワケノミコト》

食物の神様でも
あるんだぜ

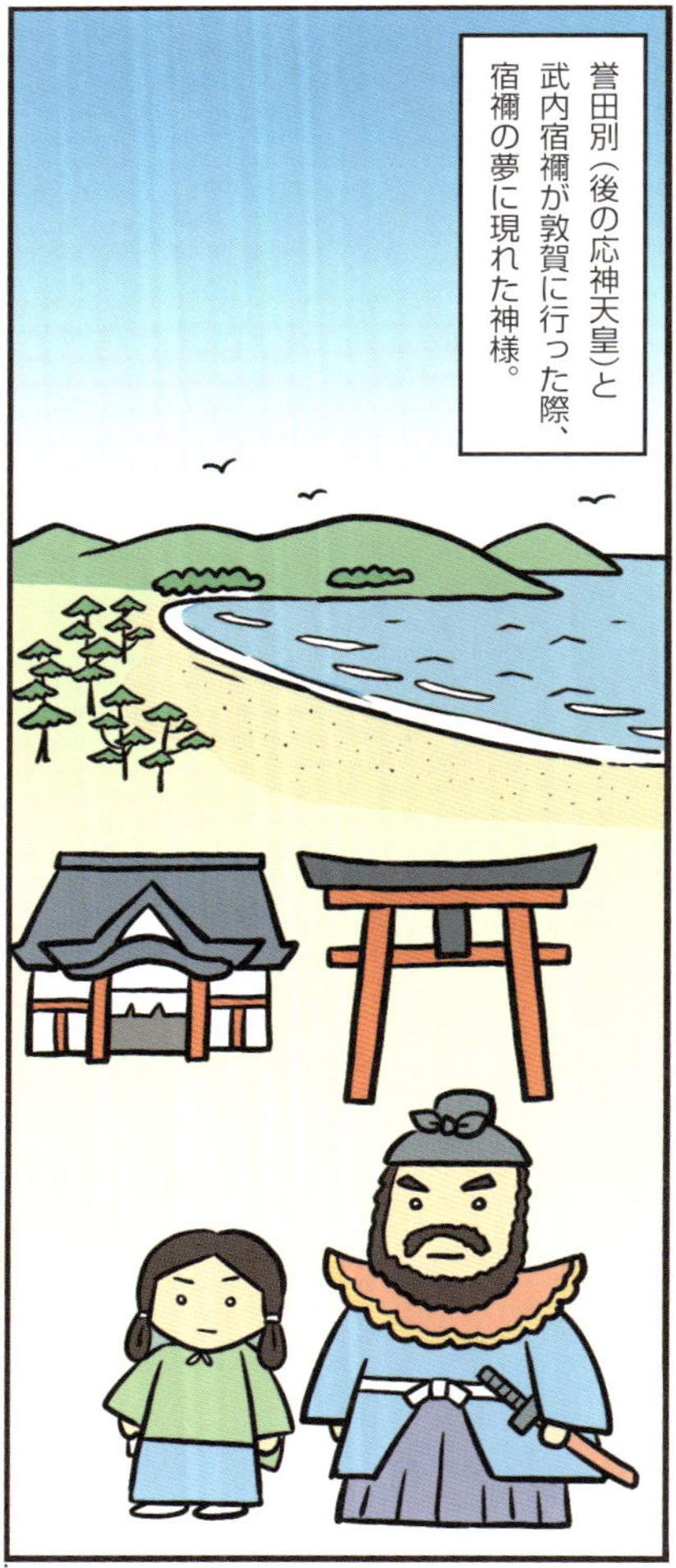
誉田別（後の応神天皇）と
武内宿禰が敦賀に行った際、
宿禰の夢に現れた神様。

ご利益	豊漁、航海安全、五穀豊穣
主要神社	氣比神宮（福井）
別称	気比大神《ケヒノオオカミ》、御食津大神《ミケツオオカミ》

若き日の応神天皇と名前を交換した海神

気比神宮（福井）に祀られている漁業と航海の神様です。

気比神宮のある敦賀の地は、古くから多くの船が行き来する場所でした。海難や海賊、あるいは海戦。海へと出ていく者たちは遠方からもこの地を訪れて、伊奢沙別命に安全を祈願していたとか。

伊奢沙別命には御食津大神《ミケツオオカミ》という別称があり、これは食物にまつわる神様ということです。海の近くに住む人々にとっては、安全と食をもたらしてくれるとても大切な神様といえるでしょう。

後に応神天皇《オウジンテンノウ》となる皇子・誉田別《ホムダワケ》（古事記では同じ読みで「品陀和気」と書きます）は、ある日、世話役の建内宿禰《タケウチノスクネ》を引き連れて敦賀の地へと

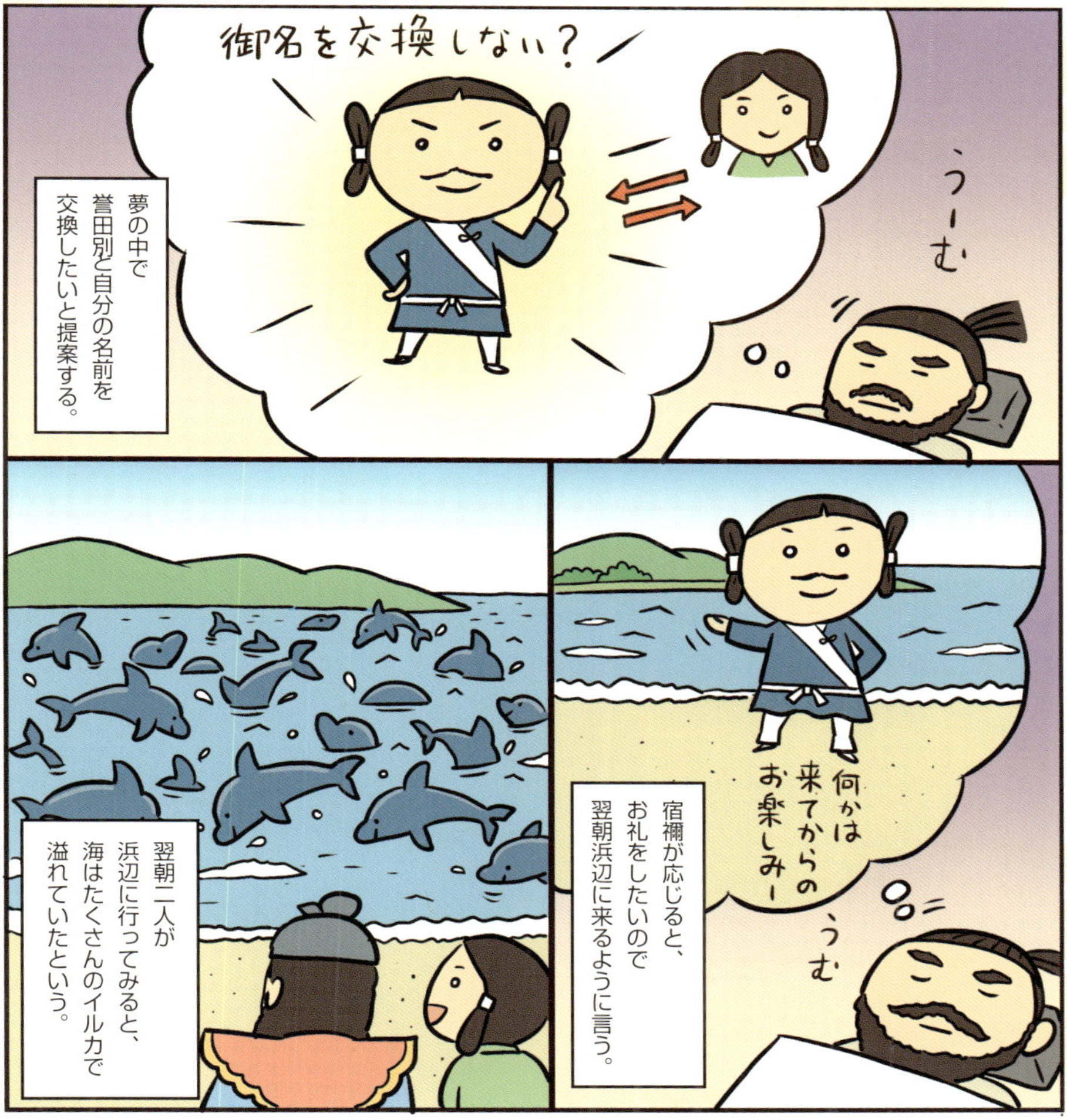

赴きました。その際、建内の夢に出てきたのが、この伊奢沙別命だったのです。

伊奢沙別命は建内の夢の中で、互いの名前を交換しようと持ちかけました。相手は天皇の位を継ぐことになる皇子。当然断られると思いきや、なんと建内は名前の交換を了承します。なぜ応じたかは諸説あり、定かではありません。

いずれにせよ名前の交換を受け入れてくれた建内に、伊奢沙別命はお礼をしたいから海岸に来てほしいと言い残して、夢の中から出ていきました。翌朝、目を覚ました2人が海岸へいくと、そこにはイルカの大群があふれ返っていたそうです。感激した誉田別から食物をもらった伊奢沙別命は、それ以来、食物の神様と呼ばれるようになったのです。

塩椎神

シオツチノカミ

迷ったらワシに
相談しなされ

海幸山幸神話の中で、
山幸彦が兄の海幸彦から
借りた釣り針をなくし、
悲嘆に暮れていたときに
現れた神様。

ご利益	開運招福、漁業、航海安全、家内安全
主要神社	鹽竈神社（宮城）、塩津神社（滋賀）、潮津神社（石川）
別称	塩土老翁神《シオツチノオジカミ》

神様たちに進むべき道を示す老神

『古事記』と『日本書紀』に出てくる神様で、『日本書紀』では塩土老翁《シオツチノオジ》となっています。塩は潮のことで、すなわち海の潮流を司っています。

ある日、山の神様である山幸彦《ヤマサチヒコ》が海で釣りをしていたときに釣り針をなくしてしまいました。その釣り針は兄で海の神様である海幸彦《ウミサチヒコ》から借りたものでしたから、山幸彦はとても困っていました。

そこに現れたのが、塩椎神です。塩椎神は山幸彦に無目籠という乗り物を用意して、海神宮（竜宮城）へ行くよう伝えてあげました。この親切によって、山幸彦の問題は解決したそうです。途方に暮れていた山幸彦にとっては、まさしく助け舟に見えたことでしょう。

塩椎神は山幸彦だけでなく、他の者にも進むべき道を教えてあげていました。

例えば邇邇芸命《ニニギノミコト》には、海辺沿いにある国覓《くにまぎ》（神が鎮座するのにちょうどよい場所）を教え、また、神武天皇《ジンムテンノウ》の東征の際には大和の場所を示したと伝えられています。

この他にも、塩椎神には神様たちに道を示したという逸話が残されています。

『日本書紀』での呼称である塩土老翁の「翁」は、老人という意味です。他の者に進むべき方向を教えていたわけですから、長い人生で知識や経験を豊富に蓄えていたのでしょう。

人は自分が歩む道を見失ってしまうことがあります。そのときには塩椎神を参拝して、力を貸してもらうとよいかもしれませんね。

豊玉毘売命《トヨタマヒメノミコト》
玉依毘売命《タマヨリヒメノミコト》

豊玉毘売命は
山幸彦と結婚し、

本当の私たちは
サメの姿なんです

ご利益　子宝、安産、子育て、航海安全、豊漁

主要神社　豊玉毘売命＝豊玉姫神社（鹿児島）、海神神社（長崎）、玉依毘売命＝玉前神社（千葉）、玉依比売神社（長野）

別称　豊玉毘売命＝豊玉姫《トヨタマヒメ》
玉依毘売命＝玉依姫《タマヨリヒメ》

姉の息子の結婚相手はなんと実の妹

海の神様である綿津見神《ワタツミノカミ》の娘にあたる美人姉妹です。

姉の豊玉毘売命は、海神宮を訪ねてきた山幸彦《ヤマサチヒコ》と恋仲になり、結婚。と、ここまではよかったのですが、出産の際に事件が起きてしまいます。山幸彦の子を産もうと浜辺にやってきた豊玉毘売命は、サメの姿に戻って出産しようとしていました。

そこに現れたのが、夫である山幸彦。妻から「出産しているところを見ないでほしい」とお願いされていたにもかかわらずやってきた山幸彦が見たのは、サメの姿でのたうち回って出産しようとする豊玉毘売命の姿でした。

自分の本当の姿を見られてしまった豊玉毘売命は強く恥じて、出産し

たばかりの子である鵜葺草葺不合命《ウガヤフキアエズノミコト》を置いて、海へと帰ってしまいます。

しかし、愛するわが子を残してきたのは、母親としてはそれは心配だったのでしょう。息子のお世話役として、妹の玉依毘売命を派遣しました。玉依毘売命は鵜葺草葺不合命の面倒をよく見て、きちんと育てました。さながら母子のようだった2神の関係は、後に恋愛へと発展。鵜葺草葺不合命は玉依毘売命を妻として、男の子を4人産みました。その中の1人が、後に初代天皇となる神武天皇《ジンムテンノウ》です。

姉妹とも子をなし、初代天皇へと繋がることから、子宝、安産、子育てが主な利益とされ、また、海神の娘であるので、航海安全のご利益も期待できます。

綿津見神《ワタツミノカミ》

浦島太郎？
そんな男も
いたのぉ

ご利益	豊漁、航海安全
主要神社	志賀海神社（福岡）、 鹿児島神社（鹿児島）
別称	大綿津見神《オオワタツミノカミ》、豊玉彦《トヨタマヒコ》

伊邪那美命の
神生みによって
生まれた神様。
ざぶーん

竜宮城の大王である海を司る神様

前項で紹介した豊玉毘売命《トヨタマビメノミコト》と玉依毘売命《タマヨリビメノミコト》の美人姉妹のお父さんです。『古事記』では、伊耶那岐命《イザナギノミコト》と伊邪那美命《イザナミノミコト》の神生みによって生まれた神様のうちの1柱となっています。

伊耶那岐命と伊邪那美命の子ですので天津神《アマツカミ》とも言えますが、人間の世界にある海の神霊であることから国津神《クニツカミ》としての特徴も持ち合わせていると言えるでしょう。

名前の「ワタツミ」の「ワタ」は海を、「ミ」は霊をそれぞれ表します。海の神霊ということで、日本列島を囲む海を神格化した存在であり、海を司る神様とされています。海の神様は3柱で、この綿津見神と速秋津日命《ハヤアキツヒノミコト》と速秋津比売命《ハヤアキツヒメノミコト》がいます。

浦島太郎の昔話は、皆さんご存じ

だと思いますが、浦島太郎が助けた亀に連れられていったのが、海の中にある竜宮城というお城でした。この竜宮城の大王が、この綿津見神なのです。

　山幸彦《ヤマサチヒコ》が兄の海幸彦《ウミサチヒコ》から借りた釣り針を紛失した際、塩椎神《シオツチノカミ》の助言によって訪れたのも、この竜宮城でした。そこで綿津見神の助けを借りて、山幸彦は兄から借りた釣り針を見つけることができました。

　さらに綿津見神は山幸彦に宝珠をふたつ授けており、この力によって山幸彦は海幸彦を臣従させることに成功したとも伝えられています。

　海の神様ですので、豊漁や航海安全にご利益があり、古くから船乗りたちに敬われてきました。

コラム

成功者と神社のヒミツの関係

胸に秘めたお願いを叶えてもらうために神社で祈願をするのは、庶民だけの風習ではありません。そもそも、神社のルーツは紀元前91年。当時、国内で流行していた疫病によって世を去った崇神天皇の娘、夜麻登登母母曽毘売《ヤマトトモモソヒメ》を祀った大神神社（三輪神社）がはじめとされ、以来、皇族や豪族の厚い信仰によって各地へと広がったと言われています。

戦乱の世が訪れると、多くの武将たちが神社に参拝し、ご神徳を信じて必勝祈願を行いました。

鎌倉幕府を興した源頼朝もそのひとりです。1180年、石橋山の合戦に敗れた頼朝は箱根神社に逃げ込み、一命をとりとめます。それをきっかけに箱根神社を崇敬し、さらに伊豆山神社、三島大社にも幾度となく参拝するようになりました。その結果は、皆さんもご存じの通り、鎌倉幕府を開き、見事に源氏の復興を果たしました。

また、徳川家康と織田信長ほど、神社への接し方の違いで人生が二分してしまった例はないでしょう。かたや神仏の下で命を奪われ、もう一方は自らが神様として祀られることになるのですから。

二人の運命の分かれ道となったのが、諏訪大社。ご祭神は建御名方神という戦いの神様です。1582年、当時、諏訪大社は武田信玄率いる武田家の氏神でした。そこで、信長は武田家を倒すべく嫡男の信忠に命じ、諏訪大社を焼き討ちにしてしまったのです。恐ろしいのは、その後。わずか一週間後に武田家は滅亡、さらに三ヶ月後に信長は本能寺で家臣の明智光秀に焼き殺されてしまうのです。

一方、その時、家康は、焼失した諏訪大社の復興に尽力。そればかりか、諏訪大社の神官だった諏訪家も手厚く保護したのです。こうして戦いの神様を味方につけた家康の活躍もまた、皆様の周知の通り。江戸幕府を創設して天下人となっただけではなく、亡くなった後は東照大権現という神様になり、日光

東照宮に祀られました。
この他にも、神様を崇敬し神社への参拝を熱心に繰り返したことで、世の成功者となった人物は多数います。例えば三井財閥の祖である三野村利左エ門や三菱財閥の創業者である岩崎弥太郎は、勝負運の神様である平清盛が祀られた神田明神への参拝を重ねたことで、莫大な財産を得たと言われています。また、総理大臣を二回にわたって務めた安倍晋三総理も、自分のルーツである安部氏が参拝していた石塔山大山祇神社（十和田神社）に熱心に参拝したことで、今の地位を築いたと言われています。
そんな成功者たちには、神社に参拝していた以外にも大きな共通点があります。皆、単なる神頼みに終わらず、神様を心から崇敬し、勝負に勝った際には「神様のおかげである」と謙虚な心を持っていたのです。さらに、神様に「世の中を良くします」と誓い、常に自制心をもって物事に取り込んだことも、目標達成へと導く大いなる力になりました。
私たちも成功者たちを見習い、神様に誓いを立てることで、大きなチャンスをものにしたいですね！

五十猛神《イソタケルノカミ》

五十猛神は父である須佐之男命と天から降りてきた神である。
それー
うひょー

植物ってステキだな～

ご利益	林業守護、豊漁、航海安全
主要神社	五十猛神社（島根）、来宮神社（静岡）、猛島神社（長崎）
別　称	大屋毘古神《オオヤビコノカミ》、射楯神《イタテノカミ》

勇ましき神の子は緑を愛する癒し系

須佐之男命《スサノオノミコト》の息子にあたる神様。『古事記』には登場せず、『日本書紀』においても本文ではなく、別伝にのみ書かれています。

父である須佐之男命は、八岐大蛇《ヤマタノオロチ》を退治した勇ましい神様で、その息子である五十猛神は、名前に「猛」の字が入っています。さぞや勇名を誇った神様なのだろうと思いきや、なんと五十猛神は樹木の神様です。

実は須佐之男命は、あまり知られていませんが、樹木を創造する神様でもありました。五十猛神は父親のその一面を受け継いだ樹木神というわけです。

須佐之男命は様々な乱暴狼藉を働いたせいで、天界から追放されることになりました。五十猛神も父につ

最初は朝鮮半島の新羅に降りたが、日本に渡る。
よいしょ
天上から持ってきた樹木の種を日本中に蒔いて歩いた。
せっせ
よいしょ
日本は緑豊かになり、そのため林業の神様として信仰されている。

いて地上世界に降臨しますが、その際、樹木の種を持参しています。最初は朝鮮半島に降り立ちましたが、うまくなじまなかったのでしょう、日本へと渡りました。

そこから五十猛神は日本中を歩いて回りました。持っていた植物の種をまきながらの旅でしたから、五十猛神の歩いたあとは木々がすくすくと育ち、日本はみるみるうちに緑があふれる豊かな地になっていったのです。この伝承から、五十猛神は林業の神様として、やがて全国の人々から厚く崇敬を集めるようになりました。

土の船を作って航海をしたという言い伝えから、航海安全や豊漁など海に関係するご利益もあるとされています。

久久能智神《ククノチノカミ》

伊邪那美命の神生みで風の神様 志那都比古神の次に生まれた。
びゅー
ひゅー

育っとる
育っとる

ご利益	山林守護、国土開発、厄除け
主要神社	公智神社（兵庫）、久久比神社（兵庫）、樽前山神社（北海道）
別　称	句句廼馳《ククノチ》、木祖神《キノオヤガミ》

自然の植物と暮らしを支える木材の神様

『久久能智神』は『古事記』における呼称で、『日本書紀』では「句句廼馳」となっています。

伊邪那岐命《イザナギノミコト》と伊邪那美命《イザナミノミコト》の神生みによって生まれた木の神様であり、開拓の神様でもあります。

風の神様である志那都比古神《シナツヒコノカミ》の次に生まれ、後に山の神の大山津見神《オオヤマツミノカミ》、野の神様である鹿屋野比売《カヤノヒメノカミ》が生まれました。

名前の「クク」は「木々」ということから植物が元気に育つことに通じるとも、「茎（クキ）」に通じるともされています。「チ」は神様を表す言葉ですから、「木々の神様」「茎の神様」の意味を持ちます。また、木の神様の総称として用いられることもあります。

『延喜式』には、久久能智神と同一の神とされる屋船久久能智命《ヤフネククノチノミコト》という神様が登場します。この神様は、家屋や船を建築する際に使われる木の神霊であると見られることもあります。つまり、原生の植物のみならず、人々の暮らしを助ける木材を司る神様でもあるということです。

　久久能智神をご祭神として祀っている神社に、公智神社（兵庫）があります。孝元天皇《コウゲンテンノウ》の皇子である大彦命《オオヒコノミコト》の子孫である久々智民族が、木の神様である久久能智神を奉祀したことから生まれた神社です。公智神社をはじめ、様々な神社で、植物を司る神様の須佐之男命などと一緒に祀られています。

日子穂穂手見命《ヒコホホデミノミコト》

兄さんとは
仲が悪くて……

邇邇芸命と
木花之佐久夜毘売命から
生まれた兄弟のうちの三男。
別名を火遠理命、山幸彦。
火の中で産んだのよ!!

ご利益	豊漁、航海安全、開運招福
主要神社	鹿児島神宮（鹿児島）、 若狭彦神社（福井）
別称	山幸彦《ヤマサチヒコ》、彦火火出見尊《ヒコホホデミノミコト》

弓矢で獲物を仕留めていた山の神様

天照大神《アマテラスオオミカミ》の孫で「天孫」と呼ばれる邇邇芸命《ニニギノミコト》を父に、大山津見神《オオヤマツミノカミ》の娘である木花之佐久夜毘売命《コノハナサクヤヒメノミコト》を母に誕生しました。

木花之佐久夜毘売命が子を身ごもった際、一度の契りで本当に妊娠したのかと疑った邇邇芸命に腹を立てて産屋に火を放ち、その中で出産をしました。火の強さが弱まってきたころに生まれたことから火遠理命《ホオリノミコト》とも呼ばれています。

日子穂穂手見命よりも、山幸彦という名前の方が有名でしょう。山幸彦という名は、「山の幸」すなわち「山のごちそう」の意味ではありません。「サチ」は昔の言葉で「弓矢」のことで、山にいる動物たちを弓矢で仕留め、それを食していたことに

由来します。

日子穂穂手見命には、海を司る神様で、火照命《ホデリノミコト》という兄がいました。お兄さんも、火照命ではなく海幸彦《ウミサチヒコ》という名前の方が知られているでしょう。

あるとき、兄弟はお互いが食物を取るために使っている道具を交換することにしました。日子穂穂手見命は弓矢を、火照命は釣り針を相手に渡したのです。

しかし、日子穂穂手見命は兄から借りた釣り針をなくしてしまいました。兄から「返せ」と迫られて困っていたところ、塩椎神《シオツチノカミ》や大綿津見神《オオワタツミノカミ》の助力によって釣り針を発見しました。

山の神様であるにもかかわらず、日子穂穂手見命に豊漁や航海安全のご利益があるのは、海神の力を借りたことが由来でしょう。

金山毘古神
カナヤマヒコノカミ

金山毘売神
カナヤマヒメノカミ

とうっ
おえー…
伊邪那美命が火之迦具土神を生み、火傷で苦しんだ際に嘔吐した吐しゃ物から生まれた。

金属に関することはぜんぶおまかせ！

ご利益	金属加工業守護、鉱山守護、災難除け
主要神社	金屋子神社（島根）、黄金山神社（宮城）、南宮大社（岐阜）
別称	金山彦神＝金山毘古神《カナヤマヒコノカミ》 金山毘売神＝金山姫神《カナヤマヒメノカミ》

吐しゃ物から生まれた金属を司る男女神

金山毘古神と金山毘売神は、多くの神様を生んできた伊邪那美命《イザナミノミコト》の子供です。ですが、普通の出産によって誕生したのではありません。伊邪那美命は火の神様である火之迦具土神《ヒノカグツチノカミ》を出産した際、ひどい火傷を負ってしまいました。体の調子がとても悪く嘔吐してしまったとき、その吐しゃ物から生まれたのです。

金山毘古神と金山毘売神は、その名前からもわかるとおり、鉱石や鉱山の神様で、金属加工の技術を司っています。

金山毘古神は男神で、金山毘売神は女神。2神の関係性は兄妹であるとも、夫婦であるとも言われています。ですが、たたら（鍛冶で使う道具）の守り神とされる金屋子神《カナヤゴガミ》は、

二神であり、兄妹とも夫婦ともいわれている。

兄？ 妹？

夫？ 妻？

弟？

姉？

鉱山の神とされ、鍛冶や鋳物の守護神としても信仰されている。

主祭神とされ、包丁の守護神として岐阜県の南宮大社に祀られ、多くの包丁製造業者に厚く信仰されている。

トン
カン
トヨタ自動車が創業期から祀っている神様もこちらの金山彦神。


金山毘古神と金山毘売神の子とされていますので、夫婦ととらえるのが妥当かもしれません。

なぜ、吐しゃ物から金属加工を司る神様が生まれたのでしょうか？ 様々な説がありますが、母親である伊邪那美命が火の神様を生んだ後で、金属を加工するのに欠かせない火が吐しゃ物に残っていたためだろうという説が一番しっくりときます。

ちなみに伊邪那美命は吐しゃ物だけでなく、尿や糞からも神様を生んでいます。それだけ神聖な力を持っていたということでしょう。

ご利益は金属や鉱石に関する全般。製鉄、鍛冶、鉱山の守護などで、現在でも金属加工業や製鉄業にかかわる人たちが、この2神を崇敬しています。

天目一箇神《アメノマヒトツノカミ》

天照大神が
天の岩戸に隠れてしまった時、
大神の出現を願う祭祀の
祭具としての刀や斧などを
作った一つ目の神。
よいしょ
よいしょ

ひょっとこの
モデルは
私かも?

ご利益	鍛冶業守護、金属加工業守護、火難除け
主要神社	天目一神社(兵庫)、鏡神社(滋賀)、多度大社別宮一目連神社(三重)
別称	天之麻比止都禰命《アメノマヒトツネノミコト》、天目一命《アメノマヒトツノミコト》

天岩戸開きの際に刀などを作った

製鉄や鍛冶を司る神様です。邇邇芸命《ニニギノミコト》の天孫降臨の際、布刀玉命《フトダマノミコト》に率いられて地上世界へとやってきた5神の中の1柱で、日本で最初の鍛冶師として現れました。天目一箇神に関する伝承は、それぞれの古典によって異なります。

たとえば『日本書紀』では、国護りの神様である大物主神《オオモノヌシノカミ》を祀る祭具を作る際、これの鍛冶を担ったとされています。

平安時代前期の歴史書『古語拾遺』では、筑紫、伊勢の忌部氏の祖先神として登場します。天照大神《アマテラスオオミカミ》が天岩戸に隠れてしまったときに、出現を願う祭具としての刀剣や斧を作ったのは、天目一箇神となっています。『古事記』ではこの役割を

天孫降臨の際に
邇邇芸命に率いられて
やってきた
神々のうちの一神。
ぞろぞろ
地上に鍛冶の技術をもたらし、
日本の金属文化の源流に
関わる神様とされている。
また、
「ひょっとこ」の語源で
「ひおとこ」であるという説から、
ひょっとこのモデルと言われている。
うひょ

天津麻羅《アマツマラ》という神様が担当していることから、天目一箇神と天津麻羅は同一神であるとされることもあります。

名前の「目一箇」とは、目がひとつという意味です。鍛冶師は燃える炎の色を片目で見つめることで、温度を見極めていました。真っ赤に燃える炎を見つめ続けることで、一方の目を悪くしてしまう人が多く、それにちなんでいるものと考えられます。

かまどの火に竹筒で空気を送り込む人のことを「火男《ひおとこ》」と言いました。これがお面でおなじみの「ひょっとこ」の語源とされていますが、火と深く関わる天目一箇神がモデルであるという説もあります。鍛冶の守護や金属加工業の守護のご利益があるとして、天目一神社などに祀られています。

伊斯許理度売命《イシコリドメノミコト》

神名の由来は「石の鋳型で鏡を鋳造する老女」という意味である。

出てきたら鏡を見せてあげる

ご利益	金属加工業守護、鉄工業守護、産業振興
主要神社	鏡作坐天照御魂神社（奈良）、鏡作神社（奈良）、日前神宮（和歌山）
別称	石凝姥命《イシコリドメノミコト》

八咫鏡《やたのかがみ》を作った鏡と金属加工の神様

伊斯許理度売命は同じ読みで石凝姥命とも書きます。これは「石の鋳型で鏡を作る老女」です。

神話において特に活躍を見せたのは、須佐之男命《スサノオノミコト》の傍若無人ぶりに怒った天照大神《アマテラスオオミカミ》が天岩戸に隠れてしまったときのこと。この際、神様たちはあらゆる手を尽くして、天照大神に出てきてもらおうとしました。

八咫鏡を作って、天照大神を天岩戸から出そうとしたのが、伊斯許理度売命です。八咫鏡は、八尺瓊勾玉《やさかにのまがたま》、草薙《くさなぎ》の剣《つるぎ》と並ぶ三種の神器。その鏡に映った自分を見るために、天照大神は岩戸から出てきたと言われています。

この八咫鏡は、邇邇芸命の天孫降臨にあたり、天照大神が「私の御魂

天照大神が
天の岩戸に隠れてしまった時、
大神を引き出すために
必要な八咫の鏡を作った。
このことから
金属加工の神様として
知られている。
おー
その後、
天孫降臨の際は
邇邇芸命に率いられて
やってきた。
八咫の鏡は
現在も天皇家に伝わる
三種の神器として
残されている。
三種の神器

として崇めるように祀りなさい」と命じ、伊勢神宮に祀られるようになりました。

伊斯許理度売命は鏡作部の祖神です。鏡作部は古代からある職業のひとつで、鏡の製作をしていた工人たちのことです。この鏡作部を統率する人のことを鏡作造といい、伊斯許理度売命の後裔とされています。

伊斯許理度売命は鏡作りの神様ですが、『日本書紀』では矛やふいごを作ったこともあったと書かれています。そのことから、金属加工や鉄工業の守護のご利益も期待できます。金属の加工に関わる人は、伊斯許理度売命を祀る鏡作坐天照御魂神社（奈良）、鏡作神社（奈良）、などで祈願してはいかがでしょうか。

天之御影神《アメノミカゲノカミ》

刀鍛冶の祖神であり、鍛冶・鋳物業者から信仰されている。
えい!
そーれ

いい刀ができました

ご利益	鍛冶上達、火難除け、水難除け
主要神社	御上神社（滋賀）
別称	天之御影命《アメノミカゲノミコト》

鍛冶職人だけでなく武将からの尊崇もあつい

御上神社（滋賀）の祭神として本殿に祀られています。鍛冶の祖神とされており、古くから地主神として地域の人々から崇敬されてきました。父は天津彦根命《アマツヒコネノミコト》で、天照大神《アマテラスオオミカミ》の孫にあたります。

御上神社のある野洲市の周辺からは、銅鐸や刀剣などが多く発掘されており、この土地では鍛冶が盛んであったことを証明しています。鍛冶の技術は脈々と受け継がれていき、戦国時代においても多くの上質な武具がこの地で生まれています。

天之御影神が、それらを作り上げていた鍛冶職人から崇敬を集めることによって、より神様としての霊力を強めていったと考えられるのではないでしょうか。職人たちだけでな

く、名だたる権力者たちも、天之御影神を崇めていました。源頼朝や徳川幕府の将軍たちは神領を寄進したり、社殿の修営を行ったりと、熱心に信仰していたのです。

天之御影神は刀剣などを作る鍛冶の神様であり、そこから武運長久あるいは戦勝を願ってのことであったと考えるのが妥当でしょう。

同じく鍛冶の神様としては、天目《アメノカ》一箇神《ヒトツカノカミ》がいます。その名の通りひとつ目のこの神様と、天之御影神はたびたび同一視されることがあるようです。

鍛冶に欠かせないということから、火と水の御利益もあるそうです。鍛冶や刀に関わる祈念以外にも、水難、火難除けとしてお参りするのもよいでしょう。

波邇夜須毘古神《ハニヤスヒコノカミ》

波邇夜須毘売神《ハニヤスヒメノカミ》

伊邪那美命が
火之迦具土神を生み、
火傷で苦しんだ
際に糞をして、
そこから生まれた
男女一対の夫婦神。
うーん…

糞から生まれ
ちゃいました

ご利益	農業守護、陶器産業守護、陶芸上達
主要神社	畝尾座建土安神社(奈良)、愛宕神社(京都)、榛名神社(群馬)
別称	波邇夜須毘古神＝埴安神《ハニヤスノカミ》 波邇夜須毘売神＝埴山姫《ハニヤマビメ》

伊邪那美命の糞から生まれた男女一対の神

伊邪那美命は火の神様である火之迦具土神《ヒノカグツチノカミ》を生んだ際、火傷を負ってしまいました。苦しみながら糞をした際、その糞から波邇夜須毘古神と波邇夜須毘売神が誕生したのです。

この2柱の神様は、土の神様です。名前の「ハニヤス」は「ハニネヤス」が略されたもので、「ハニ」は粘土、「ネヤス」は物を練り込んで柔らかくすることの意味です。

波邇夜須毘古神と波邇夜須毘売神が土の神様となったのは、糞が粘土に似ていることが由来と言われています。また、糞は植物の生育のための大切な肥料であることから、土の神様になったという解釈もできるでしょう。田畑の土壌を守護する神様

「ハニヤス」とは「ハニネヤス」のことで、「ハニ」は粘土、「ネヤス」は練って柔らかくすることを指す。
粘土を焼き固めると陶磁器ができるため、陶芸の神様として祀られている。
埴輪のモデルと言われ、二対で埴安神とも呼ばれる。

として崇められていることからも、それがわかります。

古代の人々の生活には、土器が欠かせませんでした。そしてこの土器は、粘土を形作って焼くことでできあがります。土器は生活を便利にするだけでなく、供え物を盛るのにも使用されましたから、粘土は神聖な力を持ったものと考えられていたのです。波邇夜須毘古神と波邇夜須毘売神は陶芸の神様でもあります。

その名前から気づいた方もいるかもしれませんが、この2神はハニワのモデルと伝えられています。セットで埴安神《ハニヤスノカミ》と呼ばれることもあり、ご利益は農業守護、陶器産業の守護などです。

火之迦具土神《ヒノカグツチノカミ》

殺すなんて
あんまりです

火の神であるため、
伊邪那美命より生まれる時に
火傷させてしまい、
伊邪那美命を死に追いやってしまう。
きゃー
あつい〜

ご利益	火難除け、鎮火、防火
主要神社	秋葉神社(静岡)、愛宕神社(京都) 火男火売神社(大分)
別称	火之夜芸速男神《ヒノヤギハヤオノカミ》、火之炫毘古神《ヒノカカビコノカミ》

母の死因となって父に斬り殺される

伊邪那岐命《イザナギノミコト》の妻として、多くの神様を生んだ伊邪那美命《イザナミノミコト》は、陰部に負った火傷が原因で死んでしまいます。なぜ火傷を負ったのかといえば、火の神を生んだためで、その火の神こそが、この火之迦具土神です。

伊邪那岐命は妻を死にいたらしめた火之迦具土神に激しく怒り、斬り殺してしまいます。伊邪那岐命は冥界に落ちて醜い姿になった妻から逃げ出すという薄情な面を持っていますが、妻を愛する気持ちは強く残っていたということでしょう。

父によって斬殺された火之迦具土神の血からは、建御雷神《タケミカヅチ》、甕速日神《ミカハヤヒノカミ》など8柱の神様が生まれました。また、死体からも戸山津見神《トヤマツミノカミ》など8柱の神様が誕生しています。

『古事記』では火之迦具土神のことを「火之夜芸速男神」「火之炫毘古神」とも記しています。「夜芸」とは「焼く」で、「迦具」「炫」は「輝く」の意味です。光り輝く竹から生まれた「かぐや姫」の「かぐ」と同じ意味合いです。

「輝くように燃え上がっている神様」である火之迦具土神は、火に関連することから、鍛冶の神様や温泉の神様、陶芸の神様として信仰されています。

もっぱら木造建築で火事が起きると大ごとになってしまう江戸の町では、防火、鎮火の神様として崇められていました。静岡の秋葉神社から火之迦具土神を呼び寄せた場所が秋葉原です。

ミツハノメノカミ

弥都波能売神

水のことなら
お任せ♪

伊邪那美命が
火之迦具土神を生み、
火傷で苦しんだ際に
漏らした尿から
生まれた神様。
ぽた
ぽた
それー

ご利益	水難除け、雨ごい、五穀豊穣
主要神社	大瀧神社（福井）、水神社（福岡）、弥都波能売神社（長崎）
別称	罔象女神《ミヅハノメノカミ》

女神の尿から生まれた水の流れを司る神様

火之迦具土神《ヒノカグツチノカミ》を生む際に火傷を負った伊邪那美命《イザナミノミコト》は、苦しみにもだえながら嘔吐したり、糞尿をもらしたりしました。

このとき、吐しゃ物からは金山彦神《カネヤマヒコノカミ》と金山毘売神《カナヤマヒメノカミ》が生まれ、糞からは波邇夜須毘古《ハニヤスビコ》神と波邇夜須毘売《ハニヤスビメ》神が生まれています。そして尿からも2神が誕生しているのですが、そのうちの1神が弥都波能売神です。

尿といっても多くの神様を産んだ伊邪那美命の尿ですから、強い力が含まれていたのでしょう。弥都波能売神は水の神様として生まれています。

もっと詳しくいえば、水の流れを司る神様です。名前の「ミツハノメ」は、水が流れる、水が這うと

「みのはつめ」とは
水が走る、水が這うという
意味があるとされ、
流れる水を司る神様であり、
農耕にも繋がりを持っている。
弥都波能売神を祀る
大瀧神社(福井県)の
社伝では、乙女の姿で現れ、
村人に紙すきを教えた
と言われている。
おおー
そうして作られた和紙が
越前和紙となり広まったという。

いった意味で、土地に水を行き渡らせる力を持つとされています。水が土を潤すことでその場所は肥沃な土地になり、多くの農作物が収穫できるようになります。そのことから、灌漑や農耕の神様として、農民たちを中心に広く崇敬を集める神様です。

弥都波能売神には、もうひとつ能力がありました。それは、紙すきの技術です。福井県の大瀧神社の伝承によると、ある日、村人の前に1人の娘が現れました。その娘が教えてくれた紙すきの技術によって、福井では上質な和紙作りが定着。越前和紙となって全国で重宝されるようになったそうです。

主なご利益は水難除け。ビーチリゾートへ旅行する前などに、安全を祈願するとよいでしょう。

万幡豊秋津師比売命《ヨロズハタトヨアキツシヒメノミコト》

名前にある「はた」は
機織りのことであり、
織物の神様として信仰される。
ぱたん
ぱたーん

織姫とは
ワタシのこと

ご利益	繊維業守護、安産、育児、縁結び
主要神社	塩沢神社（福島）、伊豆山神社（静岡）
別称	栲幡千千姫命《タクハタチヂヒメノミコト》、栲幡千千媛萬媛命《タクハタチヂヒメヨロヅヒメノミコト》

立派な神様を生んだ繊維業を司る女神

高御産巣日神《タカミムスビノカミ》の娘。天照大神《アマテラスオオミカミ》の長男である天之忍穂耳命《アメノオシホミミノミコト》と結婚した女神です。天之忍穂耳命との間に、天火明命《アメノホアカリノミコト》と邇邇芸命《ニニギノミコト》の2神が生まれています。

天火明命は太陽の日差しや熱気が神格化された神様です。名前の「ホ」は穂にも通じるとされており、穂が熱を持って熟すということから稲作の神様として信仰されています。

一方の子である邇邇芸命は、天照大神の命を受けて、高天原から地上に降り立った「天孫降臨」で知られる特に有名な神様です。

万幡豊秋津師比売命にしてみれば、自慢の子供たちだと誇らしいことでしょう。

万幡豊秋津師比売命は『古事記』

における名前で、『日本書紀』では栲幡千千姫命となっています。「栲」は楮《こうぞ》の繊維や白膠木《ぬるで》を指します。古事記と日本書紀のどちらの名前にも入っている「ハタ」は、機織りの意味。そのことから万幡豊秋津師比売命は、機織りや繊維の神様として崇敬されています。また、立派な子供を産んで育てたことから、安産、育児のご利益も期待できます。

七夕の物語で、彦星と恋に落ちた女性といえば、そう、織姫ですよね。実は万幡豊秋津師比売命こそが、織姫の正体なのです。機織りの神様であるということから、織姫と同一視されるようになりました。繊維業守護や安産以外に、縁結びの御利益もあるのは、そのためです。

天日鷲神《アメノヒワシノカミ》

天照大神が天の岩戸に隠れた時、天の岩戸開きに協力。
カーン
よいしょー

忌部氏は元気かのぉ

ご利益	繊維業守護、子孫繁栄
主要神社	忌部神社（徳島）、鷲神社（東京）、和志取神社（愛知）
別称	麻植神《オエノカミ》、天加奈止美命《アメノカナトビノミコト》

忌部氏の祖神で紡績や繊維を司る

『日本書紀』などに登場する神様です。天照大神《アマテラスオオミカミ》が天岩戸に隠れてしまった際、出てきてもらえるよう布刀玉命《フトダマノミコト》と一緒に尽力しました。

このとき天日鷲神は木綿などを使って「にきて」を作りました。にきては榊の枝にかけて神前に捧げる布で、そこから天日鷲神は織物の神様として祀られるようになりました。

邇邇芸命《ニニギノミコト》の天孫降臨の際にも、布刀玉命とともに同行しています。地上世界に降りた後は、阿波（現在の徳島）の開拓を行いました。この地に穀木綿を植えることで、製紙業や紡績業を始めて、広く普及させたことから麻植神《オエノカミ》と讃えられます。

阿波を豊かな地にした天日鷲神は、忌部氏《いんべうじ》の祖神となりました。その後、

木綿を使って白和幣を作り、大玉串を飾る役目を果たした。
その後、天孫降臨のときに布刀玉命に従って地上に降りる。
こっち
こっち
阿波国(徳島)を開拓し、穀麻を植えて紡績産業を広めた。

忌部氏は国の祭祀に深く関わるようになっていきます。徳島市にある忌部神社には、天日鷲神が祀られています。

忌部氏の祖神は、天日鷲神だけではありません。天日鷲神と同じく布刀玉命に付き従った手置帆負命《タオキホオイノミコト》、櫛明玉命《クシアカルタマノミコト》、彦狭知命《ヒコサシリノミコト》、天目一箇命《アメノマヒトツノミコト》は、それぞれ讃岐、出雲、紀伊、伊勢の各地方の忌部氏の祖神となっています。

毎年11月の酉の日には、各地で「酉の市」のお祭りが催されます。縁起物の熊手が並び、お酉様を祀る恒例の祭事ですが、このお酉様が、実は天日鷲神なのです。

そのことから天日鷲神は忌部神社だけでなく、鷲神社（東京）などでは倭建命《ヤマトタケルノミコト》と併せて祀られるようになりました。

天棚機姫神

アメノタナバタヒメノカミ

キレイに
織れました

天照大神が天の岩戸に
隠れてしまった時、
神衣和衣
(かむみそにきたへ)を
織って大神に献上した神様。
よいしょ
よいしょ
とん
とん
できた〜♪

ご利益	繊維業守護、厄除け
主要神社	服織田神社(静岡)、 比賣久波神社(奈良)
別称	天之八千千比売命《アマノヤチチヒメノミコト》、天衣織女命《アマノエオリメノミコト》

天照大神のために美しい布を織る

名前の「機」は「ハタ(バタ)」で、織機のこと。すなわち織物を司る神様で、平安時代の歴史書『古語拾遺』に記述が残されています。

天照大神《アマテラスオオミカミ》は弟である須佐之男命《スサノオノミコト》のあまりの乱暴狼藉ぶりに激怒して、天岩戸に身を隠してしまいます。太陽の神が隠れたものですから、高天原は真っ暗になってしまいました。神々は出てきてもらおうと、装飾品を作ったり、祝詞をあげたりと、手を尽くします。そのとき天照大神に献上するための美しい神衣を織ったのが、天棚機姫神です。

また、天香具山に植えた桑の木で蚕を育てて、その絹糸で衣を作り、天照大神に捧げたという伝承も残されています。ちなみに『古事記』に

このことから織物の神、機織の神として信仰されている。
♪
おきれいです
わーい
わーい
京都の北野天満宮では西陣に近いこともあり、天棚機姫神に感謝を込めて「御手洗祭と七夕祭」が行われる。

よれば、この天香具山に生息する鹿の骨を焼いて占いをしたこともあったそうです。

同じく機織の神様としては、天羽《アメノハ》槌雄神《ズチオノカミ》がいます。この神様は、天岩戸隠れの際には、倭文《シズ》（麻などで織った縞模様の布のこと）を織って天照大神に捧げています。

高御産巣日神《タカミムスビノカミ》の娘である万幡豊秋《ヨロズハタトヨアキ》津師比売命《ツシヒメノミコト》は、七夕の織姫のモデルとされています。この女神様と天棚機姫神は同一神であるという説もありますが、定かではありません。

天棚機姫神の別名である天八千千《アマノヤチヂ》比賣命《ヒメノミコト》を祭神として祀る服織田神社は、今から1000年前の書物『延喜式神名帳』にその名が見える歴史の古い神社です。

大山咋神

オオヤマクイノカミ

この山は
ワシのものじゃ

比叡山の守護神であり、その繋がりで延暦寺、天台宗の護法神とされ、比叡山の東麓の日吉大社（滋賀県）に祀られている。
山の神じゃ!!

ご利益	農業守護、厄除け、酒造守護
主要神社	日枝神社（東京）、松尾大社（京都）、日吉大社（滋賀）
別称	山末之大主神《ヤマスエノオオヌシノカミ》、鳴鏑神《ナリカブラノカミ》

湖を干上がらせて人の住める土地を作る

名前の「クイ」は杭。山に杭を打ち込むということから、山を所有する神様です。山の化身として表されることもあり、水や森林、農作地を司るとされています。また、神たちがよりつく棒や、山の境界を表す棒を神格化した存在だとする伝承もあります。

その昔、丹波の地は湖底に沈んでいました。大山咋神はその湖を干上がらせることによって、人々が住める土地を作ったのだとか。地域住民はこれに大変感謝して祠を作り、そこに大山咋神を祀るようになったそうです。

父は大年神《オオトシノカミ》。須佐之男命《スサノオノミコト》と神大市比売《カムオオイチヒメ》の間に生まれた神様で、大山咋神以外にも多くの神様を生み

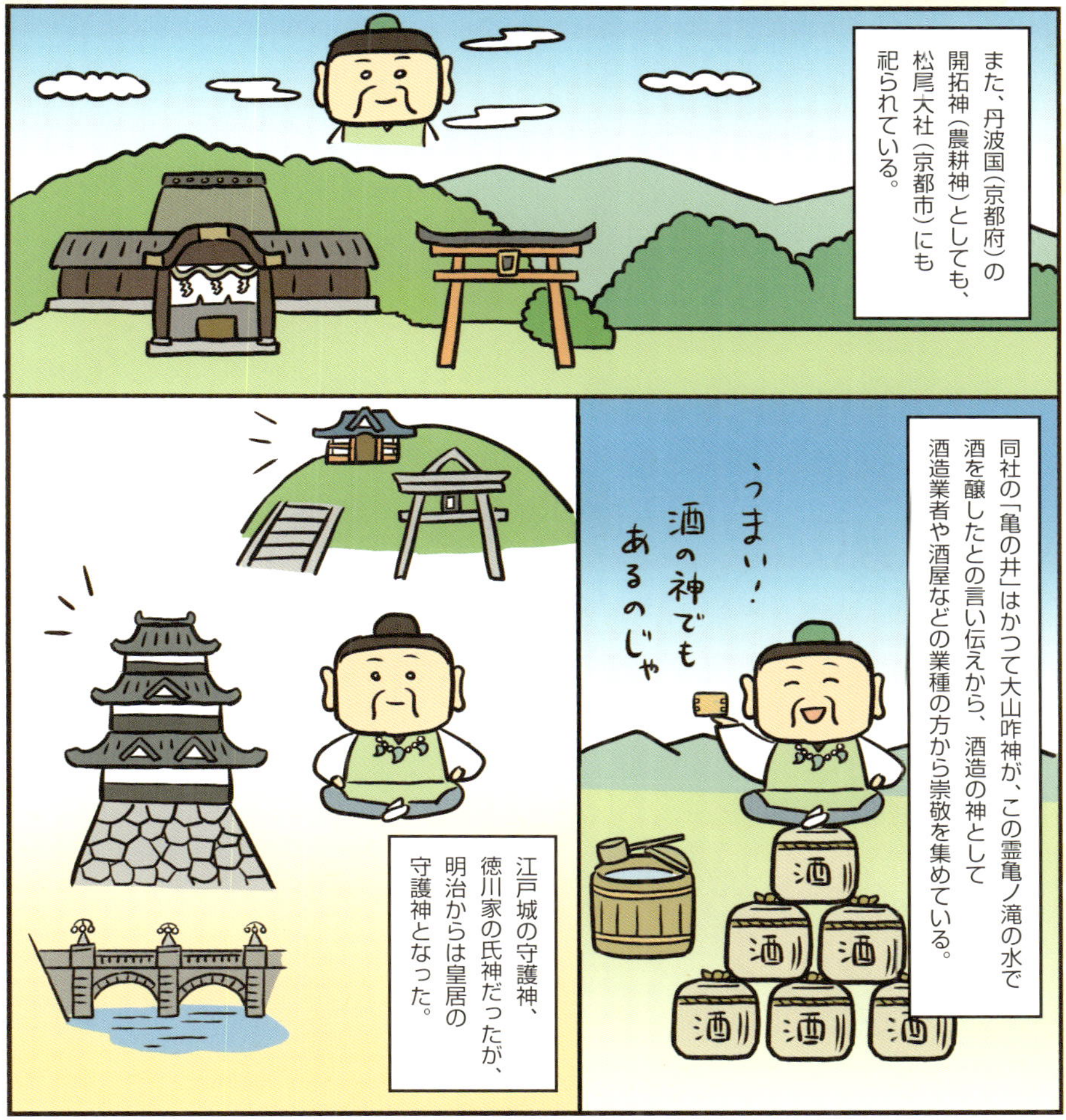

だしています。

『古事記』においては日枝山（現在の比叡山）と京都の松尾に鎮座しており、そこから比叡山の守護神とされるようになりました。日枝山の日吉大社、松尾の松尾大社では祭神とされています。

松尾の地では、松尾大社で祀られるはるか昔から、地方一帯の住民たちの尊崇を集めていました。松尾山の頂上近くにある大杉谷の上部の磐座に、暮らしの守護神として祀ったのがその始まりだと言われています。

東京の日枝神社にも祀られていますが、かつては江戸城の守護神でもありました。そこから江戸幕府の将軍である徳川家の氏神となり、明治時代以降は皇居の守護神となり、今も多くの人々を見守ってくれています。

大山津見神《オオヤマヅミノカミ》

伊邪那岐命と伊邪那美命による神生みによって生まれた山の神。

山でも海でもどんとこい！

ご利益	農業守護、林業守護、漁業守護、酒造守護 など
主要神社	大山祇神社（愛媛）、三嶋大社（静岡）
別称	大山祇神《オオヤマツミノカミ》、和多志大神《ワタシノオオカミ》

強大な力を持つ邇邇芸命の義父

『日本書紀』にも『古事記』にも登場する神様ですが、『日本書紀』では同じ読みで「大山祇神」と書かれています。

その生まれにおいても、伝承によって異なります。『古事記』では伊邪那岐命《イザナギノミコト》と伊邪那美命《イザナミノミコト》の間に生まれたとされています。一方、『日本書紀』では伊邪那岐命が火之迦具土神《ヒノカグツチノカミ》を斬り殺した際に生まれたと書かれています。

名前の「オオ」は「大きい」、「ヤマ」はそのまま山、ツは「〜の」で、「ミ」は神霊をそれぞれ表しています。すなわち、偉大なる山の神様という意味です。

和多志大神の別名を持ち、こちらは海の神様の意味。つまり大山津見

木花之佐久夜毘売命の姉妹の父であり、木花之佐久夜毘売命が邇邇芸命と結婚する際は石長比売命も一緒に差し出すが、突き返されてしまう。

えー!

そなたは結構!!

ひどい…

む!

また、海の神としての顔も持っており、戦国時代は瀬戸内水軍の守護神として崇敬された。

木花之佐久夜毘売命が日子穂穂手見命(山幸彦)を生んだ時はとても喜び、酒を作って天地の神々に振る舞った。


神は山の神様であり、そして海の神様でもあるのです。なんともスケールの大きな神様ですね。

また、大山津見神はお酒の神様でもあります。大山津見神には、邇邇芸命《ニニギノミコト》に嫁いだ木花之佐久夜毘売《コノハナサクヤヒメ》命《ノミコト》という娘がいます。

その木花之佐久夜毘売命の出産をおおいに喜んだ大山津見神は、お酒を造って神々に振る舞いました。これがきっかけで、酒造守護などの御利益を持つお酒の神様として崇敬されるようになったのです。

また、山や海を司るほどの強大な力を持っているということから、軍神や武神として、戦勝祈願などで多くの人が参拝しました。

コラム

神社に願いを届ける参拝マナー

自分が住む土地の氏神参拝から始めよう

神様それぞれが持つご神徳に合わせて参拝する神社を選ぶのが基本ですが、実はご神徳に関係なくもっと頼れる神様がいるのです。それが氏神様です。

氏神様とは、決められた土地の鎮守様のこと。土地を守護しているため、近所に住む者には特にご利益を授けてくれます。もし、お願い事が氏神様の専門外であっても、あなたが別の神社に訪れた際の橋渡しをしてくれるのです。

氏神様は、神社本庁公式サイトから知ることができますので活用しましょう。

願いや業種に合った神様に参拝しよう

氏神様へのご挨拶を済ませたら、お願いの内容に応じたご神徳をもつ神様に参拝します。

例えば、恋愛のお願いには大国主命が祀られている出雲大社や大國魂神社へ。良くないことが続いているなら、厄払いのご利益がある八坂神社、氷川神社などを選別します。

選別の際は、ご祭神の由来やいわれを知ることも大切です。恋愛と一口で言っても、悲恋を経験した神様、純愛の神様など様々。どうしても叶えたいお願いがあるなら、神様のエピソードを知ることが、心願成就への一番の近道なのです。

より願いを届けたいなら昇殿参拝もいい

「あの人と結婚したい」「昇格試験に絶対合格したい！」など、どうしても叶えたい願いがあるのなら、ぜひ昇殿参拝をしましょう。

昇殿参拝とは、拝殿の中で特別なご祈祷をしてもらうことで、正式参拝とも呼ばれています。

申し込みは、社務所にある申込書に氏名やお願い事などを記入し、初穂料（玉串料）を納めるだけ。金額は神社ごとに違いますので、公式サイトなどで調べておきましょう。拝殿に案内された後は、所定の場所に座り、頭を下げてご祈祷を受けます。その際、おしゃべりはせず静粛な気持ちで祝詞に耳を傾けましょう。

参拝は「願う」より「誓う」を心がける

もし、何度、神様にお願いをしても叶わないと悩んでいるなら、参拝法が間違っているのかもしれません。神様への参拝は「願掛け」ではなく、正式には「誓いを立てる」行為です。単に願うだけの他力本願では神様はご利益を授けてくれません。自分もその目標に向かって誠心誠意尽くす姿勢こそが神様のご利益に繋がるのです。

例えば「素敵な彼を下さい」は間違い。「素敵な彼を作ります。どうかご加護をお願いします」が正しい参拝法です。また、お願いごとを言う前には、住所と名前と日頃の感謝の気持ちを伝えることもお忘れなく！

お礼参りは必ず行うこと

お願い事が無事に叶ったら、参拝した神社に再び足を運んで、神様にきちんとお礼をするのが礼儀です。これを「お礼参り」と言います。

お礼参りに行くべき期間などは特に決まっていませんので、遅くなっても大丈夫です。大切なのは神様に感謝の気持ちを述べる事。作法のも決まりはありませんので、参拝の方法と同じで大丈夫です。

もしも、願いが叶わなかったとしても、お礼参りには出かけましょう。今回は残念な結果になってしまったとしても、次にご利益を受けやすくなります。誠実に振る舞うことがなによりも大切なのです。

お守りや御朱印は参拝の後がルール

神社に参拝した際、いきなりお守りを買ったり、おみくじをひくのは避けましょう。まずは、神様へのご挨拶を意味する参拝を済ませることが大切です。

御朱印を頂くタイミングも、参拝の後。社務所で「御朱印を頂けますか?」と声をかけて、御朱印帖をさし出します。もし、持っていない場合は社務所で購入しましょう。最後に初穂料を納め、お礼を言ってから立ち去ります。

また、おみくじの結果が悪かったからと連続で引くのはタブー。おみくじは神様からのメッセージですので吉凶に関係なく静粛に受け止めて。

もらったお札はきちんと しかるべき場所に

神社で授与されたお札は、帰宅後に投げっぱなしにせず、すみやかに神棚か家の戸口に祀りましょう。

神棚がない場合や、戸口に置き場がないのであれば、風通しがよく、清潔な場所に祀ります。ポイントは、目線より高い位置に置くことです。可能なら下に白い紙を敷いて、その上に丁寧に納めます。

お供え物などは必要ありませんが、毎日、心身を清めてから拝礼するとよりご利益を授かることができます。朝は顔を洗って口をすすいだ後、夜はお風呂に入ってみを清めた後がベストです。毎日の習慣にして、日々の感謝を述べるのは大切です。

参拝の基本をチェック

1 鳥居をくぐるときは一礼しよう

鳥居は神様のいる神域への入り口です。必ず一礼をしてからくぐりましょう。その際、サングラスや帽子は外すのがマナーです。また、複数の鳥居がある場合は、手水舎の次にある鳥居で一礼をします。参道の真ん中は神様の通り道ですので避けて、両端を歩きます。

2 手水舎では心身を清めて

参拝の前には手水舎で心身を清めるのが作法です。まず右手で柄杓を持ち、左手に水をかけて清めます。左手に持ち替えて右手を清め、また右手に持ち替えて左手に水を注いで口をすすぎ、再び左手に水をかけ、最後に柄を流します。その際、心も清めるつもりで！

3 参拝・拝礼の手順を守る

いよいよ神前に進みます。賽銭箱の前で立ち止まり、賽銭を投げ入れ、鈴があれが鳴らして神様に自分が参拝に伺ったことを知らせます。その後「二礼二拍手」して祈願をした後、軽く一礼するのが一般的な手順です。尚、出雲大社と宇佐神宮は柏手を四回します。

①

まずは賽銭を投げ入れ、次に鈴を鳴らして邪気を払います。

②

続いて深いお辞儀を二回します。なるべく腰が90度に曲がるように。

③

胸の位置で手を合わせて、2回拍手します。しっかり音を立てること。

④

祈願をします。お願い事を言い終わった後、深く一礼して退きます。

少名毘古那神《スクナビコナノカミ》

小さいからって
甘く見るなよ

神産巣日神の子で、小さいため
指の間からこぼれ落ち、
出雲に流れ着いた。
あっ
する！
ひゃ

ご利益	国家安泰、病気平癒、産業振興、航海安全
主要神社	少彦名神社（大阪）、大神神社（奈良）、温泉神社（栃木）
別称	須久那美迦微《スクナヒコナ》、少彦名《スクナヒコナ》

大国主神《オオクニヌシノカミ》と一緒に国造りを行う

大国主神に力を貸して、一緒に国造りを行いました。すでに国造りを始めていた大国主神は、ある日、海の向こうから船がやってくるのに気づきました。ガガイモの殻（実という説もあり）でできた船（天乃羅摩船）に乗っているのは、とても小さな神様です。

この神様こそ、少名毘古那神。とても小さいので、親である神産巣日《カミムスビミオヤ》神《ノカミ》の指の間からもれてしまい、海を漂った末に出雲に流れ着いたのです。

少名毘古那神は自分が神産巣日神の子であることを大国主神に伝えましたが、大国主神は疑っていました。そこで神産巣日神に直接訪ねたところ、少名毘古那神は本当に自分の子であると認めました。

その後、少名毘古那神は神産巣日神から「大国主神と一緒に国造りをするように」と命じられて、大国主神とともに国造りを進めることになったのです。

少名毘古那神は体こそ小さいものの、様々な性質を持ったとても優秀な神様です。酒造や穀物、知識、おまじないといった多才ぶりですが、病に倒れた大国主神を温泉に入浴させることで病状を回復させるなど、特に医療で力を発揮しています。

大国主神のパートナーとして活躍した少名毘古那神ですが、国造りの途中で常世国へと渡り、残された大国主神をおおいに悲しませました。

その小さな体から、一寸法師のモデルとも言われます。

大地主神《オオトコヌシノカミ》

大地主神は
土地や田畑を司る神様。
豊作だー

地鎮祭で
お会い
しましょう

ご利益	土地守護、工事安全
主要神社	越木岩神社（兵庫）、 諏訪大地主神社（東京）
別称	大地主大神《オオトコヌシノオオカミ》

農民に牛肉を食べさせ農業神の怒りを買う

日本には、その地域ごとに土着の神がいるとされていて、そういった神様を地主神と言います。大地主神は特定の地域と関連する神様ではなく、土や田畑を司る神とされています。

大地主神の逸話は決して多くありませんが、最も有名なのは『古語拾遺』に書かれている次のものでしょう。

田作りの日、大地主神は農民たちに牛肉をごちそうしようとしました。これに農業や穀物を司る大年神《オオトシガミ》は大激怒し、田畑にイナゴの大群を放って、瞬く間に稲や葉を食い荒らさせてしまったのです。

大地主神が白い猪などを捧げて謝ると、大年神はそれを受け入れ、イナゴを取り除く方法を教えてくれました。

「まずは麻柄で糸を巻く機械を作り、続いて麻の葉で払って、天押草で押し出し、烏扇で仰ぐ。それでもイナゴがどかないようなら、牛肉を男性器の形にしたものと、数珠玉、ナルハジカミ、クルミを田の水の入り口に置きなさい」

大地主神がその教え通りにやってみると、イナゴは飛び去り、食い荒らされた葉はすぐに生い茂って、豊作を迎えることができたと伝えられています。

建物を新築したり、土木工事を始めたりする際に行うのが地鎮祭。大地主神をはじめとする土や大地を司る神々に、工事の安全を祈念するものです。念願のマイホームを建てるときには、ぜひ幸せと安全を願ってみては？

建御雷神《タケミカヅチノカミ》

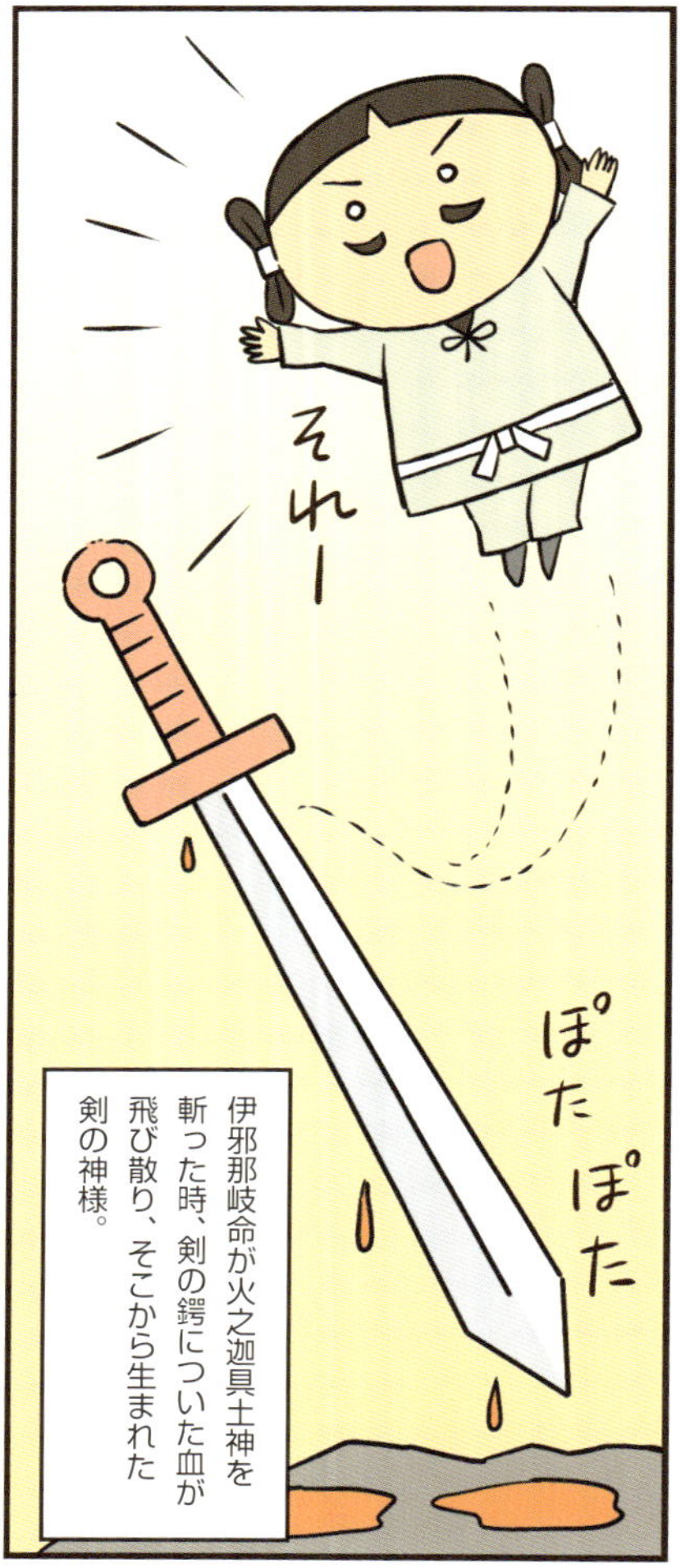
それー
ぽた
ぽた
ぽた
伊邪那岐命が火之迦具土神を斬った時、剣の鍔についた血が飛び散り、そこから生まれた剣の神様。

力比べなら負けないぞ

ご利益	武運長久、スポーツ上達、必勝祈願、開運招福
主要神社	鹿島神宮（茨城）、春日大社（奈良）、枚岡神社（大阪）
別称	建御雷之男神《タケミカヅチノオノカミ》、建布都神《タケフツノカミ》

神武天皇を助けた武と剣の神様

多くの神を産んだ伊邪那美命《イザナミノミコト》は、火傷を負って亡くなってしまいます。夫である伊邪那岐命《イザナギノミコト》は、伊邪那美命の火傷の原因となった火之迦具土神《ヒノカグツチノカミ》を刀で斬り殺してしまいました。このときに流れた火之迦具土神の血から生まれたのが、建御雷神です。

建御雷神は、茨城県鹿嶋市にある鹿島神宮を総本社とする鹿島神社の祭神。よく「鹿島さま」という単語を聞きますが、建御雷神こそが、この鹿島さまにあたります。

国譲り神話では、建御雷神は高天原から地上世界に降り立ち、大国主神《オオオクニヌシノカミ》に国を譲るように要求しています。これに建御名方神《タケミナカタノカミ》が抵抗したため、建御雷神は力でねじ伏せました。このときの力比べが後に相

国譲りの使者として出雲に派遣され、波頭に逆さまに突き立てた剣の上にあぐらをかいて座り、大国主神と交渉をして国譲りを成功させた。
大和入りする神武天皇の危機の時には高倉下の夢に現れて霊剣を渡すよう告げ、危機を救った。
剣の神様であることから武神として信仰され、鹿島神宮の祭神としても有名。
道場などでは建御雷神を祀る鹿島大神が上げられる。

撲になったと言われています。

初代天皇である神武天皇《ジンムテンノウ》を助けたのも、建御雷神です。東征で熊野の地へとやってきた神武天皇は、ここで大ピンチに見舞われます。そのとき現れた高倉下《タカクラジノ》から大刀を渡された神武天皇は、これを使って見事に敵を倒したのです。この大刀は建御雷神が高倉下命の夢に現れて、「神武天皇を救うように」と授けたものでした。

これらの逸話から、建御雷神は武や剣の神様として崇められるようになったのです。名前に「雷」の字が入っているとおり、雷神でもありますが、やはり武神、剣神としての性格の方が強いといえます。ともに国譲りを成功させた経津主神《フツヌシノカミ》も剣神であり、同一神とされることもあります。

建内宿禰《タケウチノスクネ》

第12代孝元天皇から第16代仁徳天皇まで、5代にわたって仕え、朝政を支えた。
忠臣
ははっ！何なりと！

長生きはするものじゃな

ご利益	延命長寿、商売繁盛、子育て、厄除け
主要神社	気比神宮(福井)、住吉神社(山口)、宇倍神社(鳥取)
別称	高良玉垂神《コウラタマダレノカミ》

360歳も生きて天皇家代々を支えた

第8代孝元天皇の孫とされる神様で、天皇の補佐役を務めました。第12代景行天皇から第16代仁徳天皇の5代に仕えた期間は、なんと250年。360歳で亡くなったとされる、とても長寿の神様です。

360歳という長寿から、実在した人物ではないという説が有力視されています。また、建内宿禰は1人ではなく、複数の者がその名前を受け継いだのではないかとも考えられています。

いずれにせよ、長く天皇の補佐役を務めただけあって、建内宿禰は非常に優秀な能力を持っていました。第14代仲哀天皇の妻である神功皇后は、ある日、住吉神《スミヨシシン》から新羅を授けるという旨の神託を受けました。し

かし、仲哀天皇はこれを信じなかったために住吉神の怒りを買って急死してしまいます。

この非常事態をうまく収めたのが建内宿禰です。建内宿禰は住吉神に再度、託宣を乞い、新羅出兵の神託を受けることに成功したのでした。

他にも百済池を作ったり、蝦夷地を視察したり、反乱を制圧したりと、多大な功績を挙げています。生涯を通して天皇のために尽くした建内宿禰は、功臣、忠臣として讃えられ、明治、大正、昭和の時代に紙幣のモデルになりました。また、後に大和政権の中心に位置する有力氏族の祖神でもあります。

360歳も生きたということから、主なご利益は長寿です。有能な政治家でもあったので、商売繁盛の御利益も期待できます。

菅原道真《スガワラノミチザネ》

受験生たち
待ってるよ

平安時代の文人で、右大臣までつとめるが、権力争いに破れて太宰府に左遷される。
？
ひそひそ
むむむ

ご利益	受験合格、学力向上、文筆上達、詩歌上達
主要神社	太宰府天満宮（福岡）、北野天満宮（京都）、湯島天満宮（東京）
別称	天満大自在天神《テンマンダイジザイテンジン》

恨みを抱く怨霊が一転 学問の神様になる

平安時代の文人・学者。学問の神様として知られ、祀られている北野天満宮（京都）や太宰府天満宮（福岡）には、受験前になると多くの受験生たちが合格祈願をしにやってきます。

菅原道真は学問だけでなく、政治の分野でもおおいに才能を発揮。右大臣の地位にも就いています。

ところが、この出世をねたむ者がいました。左大臣の地位にあった藤原時平らです。彼らの策略によって菅原道真は左遷。都から遥か遠い大宰府へと追いやられてしまいます。そして無念を抱いたまま亡くなってしまうのです。

京都で異変が起こり始めたのは、菅原道真が亡くなった直後からでし

た。醍醐天皇の皇太子は亡くなり、宮中には雷が落ちるなどの出来事が連続しました。

たびかさなる凶事は、菅原道真の怨念が引き起こしたものに違いない。そう考えた藤原氏は、菅原道真を人間ではなく、天満大自在天神という神様として祀ることを決めました。

菅原道真が学問の神様として信仰の対象となり始めたのは、江戸時代のこと。もともと文人として非常に優秀な人物でしたが、「唐の国で学問を深く学んだ」という言い伝えが禅宗を中心として広まり、学問の神様というイメージが定着するようになったのです。

主なご利益は、もちろん受験の合格。その他にも詩歌や文筆の上達といった創作の分野においても、その神力を貸してくれるようです。

オモイカネノカミ
思金神

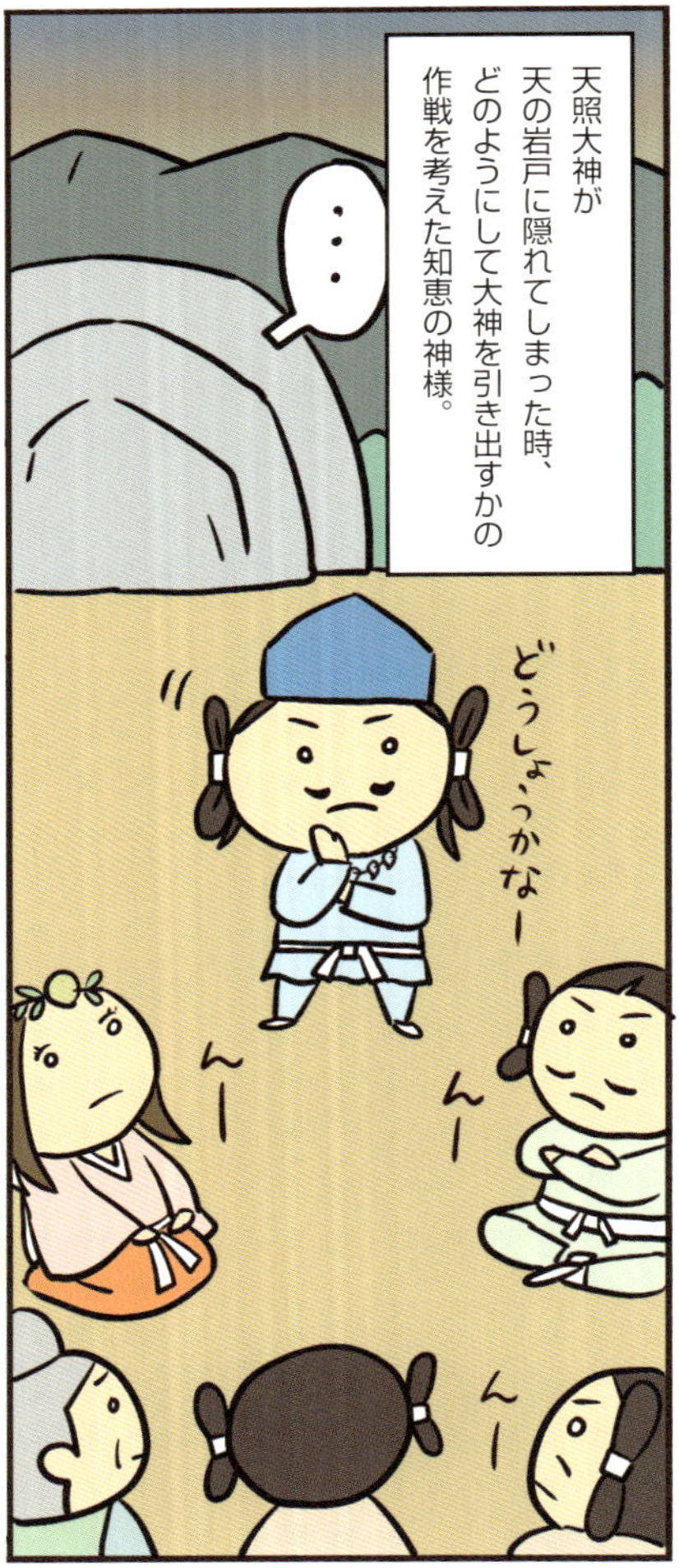
天照大神が
天の岩戸に隠れてしまった時、
どのようにして大神を引き出すかの
作戦を考えた知恵の神様。
・・・
どうしょうかなー
んー
んー
んー

ボクにいい考えが
あります

ご利益	学力向上、受験合格、技能上達、開運招福
主要神社	思金神社(神奈川)、秩父神社(埼玉)、天岩戸神社(宮崎)
別称	八意思兼神《ヤゴコロオモイカネノカミ》

ち密な作戦で天照大神を天岩戸から出す

須佐之男命《スサノオノミコト》の乱暴ぶりに怒った天照大神《アマテラスオオミカミ》は、天岩戸に隠れてしまいました。太陽の神が身を隠してしまったため、世界は真っ暗闇。困った神様たちは、どうやって天照大神に出てきてもらうかを考えました。このときに神様たちが頼ったのが、知恵の神様である思金神でした。

思金神は、天地開闢のころから万物を生み育てた高御産巣日神《タカミムスビノカミ》の子にあたります。名前の「思金」とは、たくさんの知恵を持ち、物事を深く考えるという意味です。

そんな思金神だけあって、天照大神に天岩戸から出てもらうために完璧な作戦を立案しました。最初に長鳴鳥の鳴き声をもって邪気払いをし、天津麻羅《アマツマラ》に採掘させた鉱石で

国譲りの時も
使者の選別に関わるなど、
重要な場面で登場している。
その功績から
天孫降臨の時は
邇邇芸命に同行し、
地上に降りた。
神名は思兼神とも書かれ、これは
「多くの人が思うことを一人で兼ねて思う」
という思慮深い神様という意味になる。
学問の神様としても信仰されている。

伊斯許理度売命《イシコリドメノミコト》に八咫鏡を作らせました。さらに八尺瓊勾玉を作らせるなどもしています。

思金神の作戦は見事に成功し、天照大神は天岩戸から出てきたのです。天照大神は神々が開いた宴会の様子が気になって天岩戸から出てきたという伝承がありますが、実はその陰には思金神という優秀な作戦指揮官の存在があったというわけです。

国譲りの使者を選ぶにあたって助言をしたり、天孫降臨の際には邇邇芸命《ニニギノミコト》に同行して祭祀や政務などの重要な仕事を担ったりと、思金神の豊かな知性がわかる逸話は他にもあります。学問の神様といえば菅原《スガワラ》道真《ミチザネ》が有名ですが、思金神もまた、知力向上の御利益を与えてくれることでしょう。

和気広虫姫命《ワケノヒロムシヒメノミコト》

子供たち
集まれ〜

道教から皇統を守ったことで知られる和気清麻呂の姉が和気広虫。
おのれー
だめー

ご利益	安産、子育て
主要神社	護王神社（京都）、和氣神社（岡山）
別称	和気広虫《ワケノヒロムシ》

人の悪口を言ったことのない人格者

本書で紹介する神様は、その誕生の瞬間から神様である存在がほとんどです。しかし、この和気広虫姫命は違います。実在した人間が、後に神様として崇められるようになったのです。

和気広虫姫命は天平2（730）年、備前国藤野郡に生まれました。3つ年下の弟・和気清麻呂《ワケノキヨマロ》も、後に護王大明神《ゴオウダイミョウジン》の神号を贈られることとなります。

葛木連戸主《カズラキノヘヌシ》と結婚した和気広虫姫命でしたが、夫と死別。孝謙上皇（後の称徳天皇）に仕えます。彼女は大変な人格者として知られていました。他人の悪口を言うことがなかったため、天皇をはじめ多くの人から信頼を寄せられていたのです。

恵美押勝の乱が起きたのは、天平宝字8（７６４）年。和気広虫姫命が出家した2年後のことでした。この乱に加わった３７５名が死刑を言い渡されましたが、和気広虫姫命は天皇に減刑を嘆願。死罪は流刑に改められましたが、それによって親を失った83人の子供たちを、和気広虫姫命は養子として引き取ったのです。これが日本初の孤児院であるとされています。

神護景雲3（７６９）年、弓削道鏡という僧が天皇になろうとした「道鏡事件」によって流刑とされますが、後に都に戻りました。

延暦18（７９９）年に没するまで誠実であり続けた和気広虫姫命。多くの子供たちの未来を開いたことから、安産や子育ての御利益を得られそうです。

天宇受売命《アメノウズメノミコト》

踊らにゃ
ソンソン

ご利益	芸能上達、縁結び、夫婦和合
主要神社	佐瑠女神社（三重）、芸能神社（京都）、猿田彦神社（三重）
別称	天鈿女命《アメノウズメノミコト》、天鈿売命《アメノウズメノミコト》

天照大神が天の岩戸に隠れた際、岩戸の前で半裸で踊って神様たちを笑わせ、天照大神を招き出すのに一役買っている。
えんやえんや
ははは…

おっぱいをさらしたダンスで快挙達成

天照大神《アマテラスオオミカミ》が天岩戸に隠れてしまった際、頭を使ったのが思金神《オモイカネノカミ》なら、体を張ったのは天宇受売命と言えるでしょう。

神々は天照大神に出てきてもらうために宴会を繰り広げます。その主役となったのが、天宇受売命です。天岩戸の前に伏せて置いた桶に立った天宇受売命は踊り始めました。桶を踏み鳴らすようにステップを踏んで舞う彼女は、なんと服を脱いで乳房を露わにしたのです。それだけではなく、陰部までさらしたと伝えられています。

突然始まったストリップダンスに、神々たちはあ然……と思いきや、これが大受け。やまない歓声は、天岩戸の内部にまで届きました。何が

あったのかどうしても気になってしまった天照大神は、天岩戸をそっと開けて、ようやく姿を現すことになったのでした。

そんな魅惑の女神には、もうひとつ有名な逸話があります。

天宇受売命が邇邇芸命《ニニギノミコト》の天孫降臨に従った際、行く手を猿田毘古神《サルタヒコノカミ》がさえぎりました。邇邇芸命は警戒し、天宇受売命に命じました。すると天宇受売命はすっと前に出ると、乳房と陰部を露わにしたのです。突然のことに驚いた猿田毘古神は名を名乗り、道を譲るどころか案内役を務めました。後に天宇受売命は、この猿田毘古神と夫婦になっています。

主なご利益は芸能上達。また、猿田毘古神を一瞬で落としたことから、縁結びも期待できます。

天手力男命《アメノタヂカラオノミコト》

ムッキムキです
ムッキムキ

ご利益	スポーツ上達、技芸上達、厄除け
主要神社	戸隠神社(長野)、手力雄神社(岐阜)
別称	手力雄神《タヂカラオノカミ》、天手力雄神《アメノタヂカラオノカミ》

自慢の怪力で天照大神を天岩戸の外に引き出す

「天にいる手の力が強い神様」が名前の由来となっている、日本の神話界でもトップクラスの怪力の持ち主です。この神様もまた、天照大神を天岩戸から出すときに大活躍しています。

天照大神が隠れると、多くの神々は困り果てました。そこでまず、優秀な頭脳を持つ思金神《オモイカネノカミ》が作戦を立てました。そのうえで天宇受売命《アメノウズメノミコト》が半裸になって魅惑のダンスを踊り、ついに天照大神は天岩戸をこそっと開けて、顔をのぞかせるところまできたのです。天照大神を外に出す絶好のチャンス。ここで登場したのが、天手力男命です。

天手力男命は天照大神が顔を出した瞬間、その手を掴み、力任せに

腕力の神様で、天照大神が天の岩戸に隠れた時、天照大神の手を引いて石屋から引っ張り出す役目を果たした。
あれー
さあ外に!!

引っ張ったのです。天手力男命の怪力にかなうはずもなく、天照大神は外の世界に出されてしまいました。これにより、世界は明るい光が戻ったのでした。強引な方法ではありましたが、天手力男命も世界を暗闇から救った英雄の1人であることに間違いありません。

また、天岩戸隠れの事後処理にあたったのも、天手力男命でした。天照大神がまた身を隠してしまわないよう、天手力男命は天岩戸を掴んで力任せに放り投げました。天岩戸は天上界から地上世界の信濃国に落下。それが今の戸隠山になったという伝承が複数残されています。

戸隠神社（長野）が祭神として天手力男命を祀っているのは、それが由来です。

天尾羽張神《アメノオハバリノカミ》

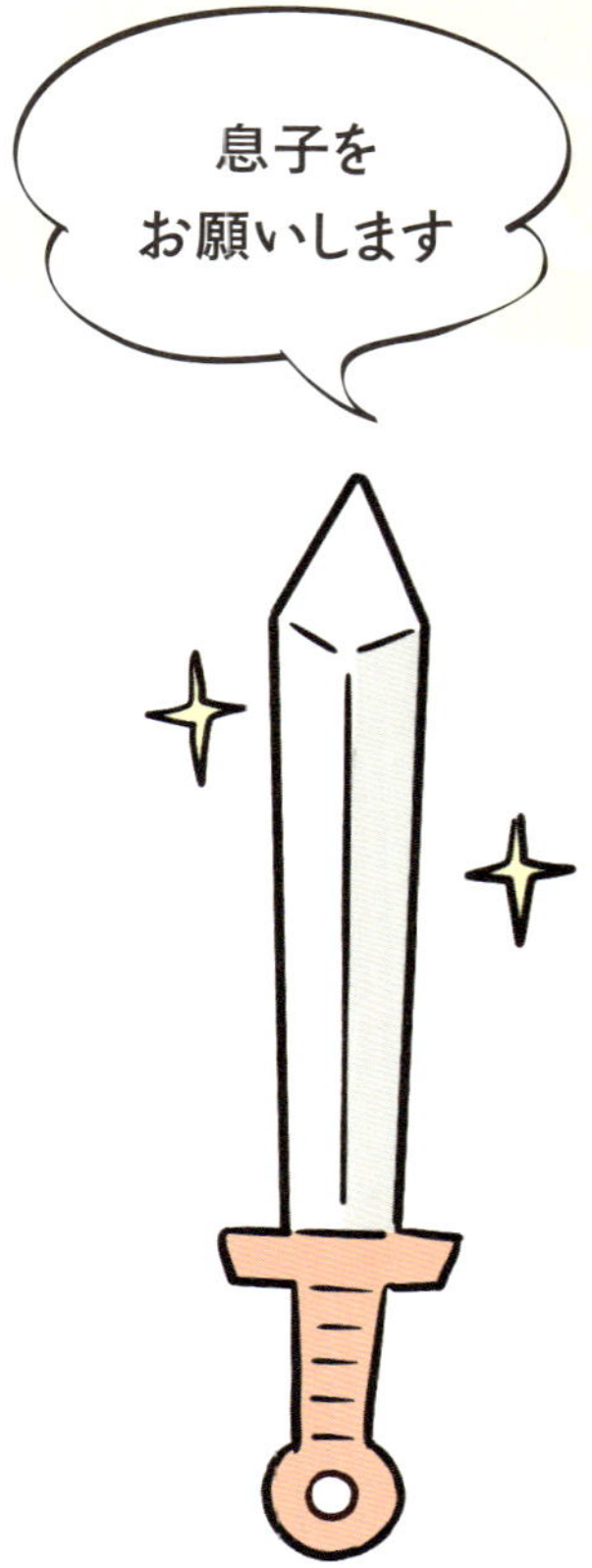
息子を
お願いします

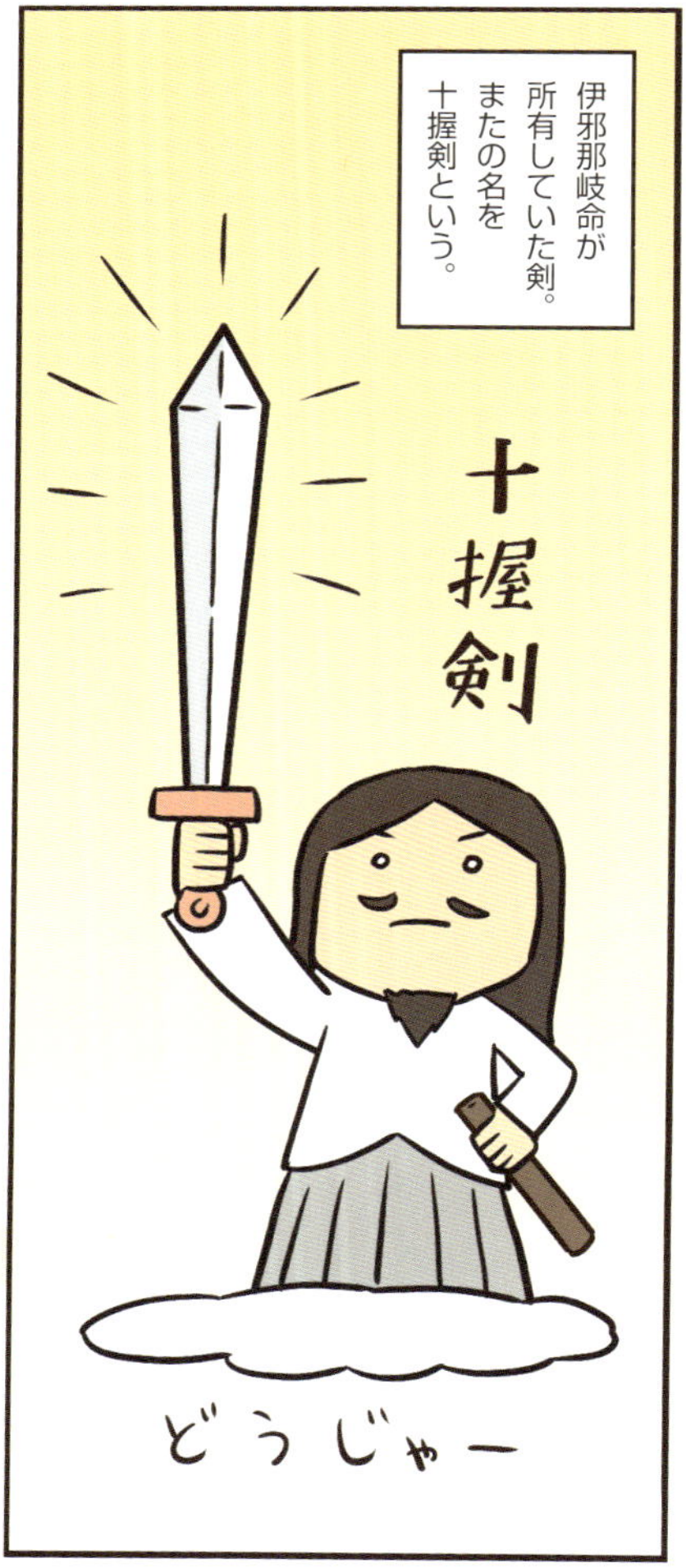
伊邪那岐命が所有していた剣。またの名を十握剣という。
十握剣
どうじゃー

ご利益	武道上達、スポーツ上達、厄除け
主要神社	斐伊神社（島根）、耀窟神社（千葉）
別称	伊都之尾羽張神《イツノオハバリノカミ》、稜威雄走神《イツノヲバシリノカミ》

伊邪那岐命《イザナギノミコト》の剣であり神様でもある

伊邪那岐命《イザナギノミコト》が持つ剣であり、神様でもあります。名前の「アメ」は天を、「オハバリ」は切っ先の幅が広い剣という意味です。

伊邪那岐命は妻である伊邪那美命《イザナミノミコト》が火傷を負って亡くなった際、その原因を作ったとして、息子である火之迦具土神《ヒノカグツチノカミ》を斬り殺しています。このとき使った剣が天尾羽張神です。天尾羽張神から滴る火之迦具土神の血からは、建御雷神《タケミカヅチノカミ》など多くの神様が生まれています。

これは「剣」としてのエピソードですが、「神様」としての逸話もあります。

葦原中国平定にあたって、最初の天之菩卑能命《アメノホヒノミコト》、2番目の天稚彦《アメワカヒコ》がともに任務を果たせずにいた。3番目

妻の伊邪那美命が火之迦具土神を生んだことによって死んでしまい、怒った伊邪那岐命はこの剣で火之迦具土神を斬り殺してしまう。
剣からこぼれ落ちた火之迦具土神の血からは火・雷・刀に関わる八神が生まれる。
思金神により国譲りの使者に選ばれるが、息子の建御雷神にその役目を譲った。
その後、建御雷神は出雲に派遣され、国譲りを成功させる。

に誰を派遣するか。思金神《オモイカネノカミ》が選んだのが、天尾羽張神とその子である建御雷神でした。

天尾羽張神のもとに、平定の役目に選ばれたことを伝える使者が訪れました。しかし、天尾羽張神は首を横に振ったのです。

「とてももったいないことですが、その役目は私ではなく、息子である建御雷神がふさわしいでしょう」というのが、その理由でした。

結局、天尾羽張神の申し出通り、葦原中国平定の役目は建御雷神が務めることになりました。建御雷神は見事に平定を成し遂げましたが、息子の実力を見抜き、推薦した父・天尾羽張神の見る目も秀逸であったといえるでしょう。剣にまつわる神であることから武道や運動の御利益があるとして、今も崇敬を集める神様です。

建御名方神《タケミナカタノカミ》

国譲りの使者として降臨した建御雷神に反対し、力くらべを挑む。
いざ勝負！
建御雷神

千人力の力持ち～

ご利益	武芸上達、スポーツ上達、農業守護、五穀豊穣
主要神社	諏訪大社（長野）、居多神社（新潟）、全国の諏訪神社
別　称	建御名方刀美神《タケミナカタトミノカミ》

千人力の怪力も建御雷神《タケミカヅチノカミ》に敗北

御柱祭で知られる諏訪大社（長野）に祀られており、「お諏訪様」の呼び方でも尊崇を集める神様です。千人がかりでようやく動かせる大岩をゆうゆうと持ち上げたと伝えられています。まさしく千人力の怪力の持ち主ですね。

父は大国主神《オオクニヌシノカミ》。その大国主神のもとに、ある日、高天原から地上世界に降り立った建御雷神がやってきました。「国を譲れ」と迫ってきたのです。これに抵抗したのが、建御名方神でした。力自慢の建御名方神は建御雷神に力比べを挑みました。しかし、この戦いに建御名方神は敗れて降伏。諏訪の地から出ないことを誓わされたのでした。

しかし、悪いことばかりではあり

すると建御雷神の手は剣や氷柱に変化。
しゃきーん
かきーん
さらに建御名方神の手をつかんで、投げ飛ばしてしまう。
ぎゅっ
このときの勝負が相撲の源流とも伝えられる。
あれ〜
恐れをなした建御名方神は逃げ出すが、信濃国の諏訪湖で捕まってしまう。
仕方なく国譲りを認め、諏訪の地から出ないことを約束して命を救われる。建御名方神は諏訪の地で結婚し、諏訪大社に祀られるようになった。

ません。建御名方神は追い詰められた諏訪で、八坂刀売神《ヤサカトメノカミ》を妻に迎えているのです。八坂刀売神もまた、諏訪大社をはじめとして、全国の諏訪神社に祀られています。

また、力比べに負けたことで建御名方神の引き立て役扱いされがちですが、後世の武将たちは建御名方神を軍神、武神として、あつく信仰しています。強い敵に堂々と立ち向かったその勇猛さに、あやかったのかもしれません。

建御名方神は武力だけでなく、農耕の神様とも言われています。名前の「ミナカタ」は「水潟」に通じ、水と関わりの深い農耕に恵みをもたらす存在として、崇められるようになったようです。山の多い諏訪という土地柄から、狩猟を司る存在とも見られています。

天津甕星《アマツミカボシ》

『日本書紀』に登場する星の神様で悪神。

そう簡単に負けないぞ

ご利益	スポーツ上達、厄除け
主要神社	星神社（愛知）、星宮社（愛知）、穴石神社（三重）
別称	天香香背男《アメノカカセオ》、星神香香背男《ホシノカカセオ》

葦原中国平定に最後まで抵抗した星の神様

『古事記』に記述はなく、『日本書紀』のみに登場します。

あるとき、天照大神らは葦原中国を統治せよとの命令を授け、複数の神を地上世界に派遣しました。剣神である経津主神《フツヌシノカミ》と、怪力自慢の建御名方神《タケミナカタノカミ》にも勝利した猛者・建御雷神《タケミカヅチノカミ》は、歯向かう者たちを次々と降伏させていきました。しかし、最後まで抵抗した神もいました。それがこの天津甕星です。

がんとして服従しない天津甕星に困った高天原の神々は、調停役として建葉槌命《タケハヅチノミコト》を派遣。これによってようやく、天津甕星は服従を決意したと伝えられています。

名前の「アマ」は天、「カガ」は輝くということから、星がまたたく

様子を表しています。すなわち、天津甕星は空に浮かぶ星々を神格化した存在なのです。

ちなみに、天津甕星は『日本書紀』においては「悪神」とされています。天照大神の意向に背いて抵抗したのが、その理由であるとも考えられています。

天津甕星を服従させた建葉槌命は、織物の神様です。天照大神が天岩戸に隠れた際には、美しい織物を織ったという伝承が残されています。また、天津甕星を大きな布にくるんで封印したとする説もあります。

建葉槌命は大甕倭文神社に祀られています。この神社の奥宮は、天津甕星が封じ込められた宿魂石の上に建設されました。天津甕星の主なご利益はスポーツの上達。勇猛な2神に抵抗した肝っ玉の強さにあやかりたいものです。

経津主神《フツヌシノカミ》

伊邪那岐命が火之迦具土神を斬った時に
飛び散った血から生まれた神様。
それー

フッと
斬るよ

ご利益	武術上達、スポーツ上達、開運招福
主要神社	香取神宮（千葉）、春日大社（奈良）、石上神宮（奈良）
別称	斎主神《イワイヌシノカミ》、伊波比主神《イワイヌシノカミ》

切れ味のよい刀が神格化された存在

『古事記』には登場せず、『日本書紀』にのみ記述があります。伊邪那《イザナ》岐命《ギノミコト》が火之迦具土神《イノカグツチノカミ》を斬った際、その血が固まり、川のほとりに複数の岩ができ上がりました。そこから生まれた岩裂神《イワサクノカミ》と根裂神《ネサクノカミ》の子である石筒之男神《イワツツノオノミコト》と石筒之女神《イワツツノメノミコト》も、子を生みました。それが経津主神です。他方、川のほとりにできた岩から生まれた神であるという言い伝えも残っています。

名前の「フツ」は、刀によって物が斬られる様を表す擬態語。荒ぶる者を「フッ」と一瞬で断ち切ってしまうほどに切れ味のよい刀が、神格化された存在です。

剣神としての強さから、天照大神に「国譲り」の使者に抜擢され、建

御雷神とともに地上世界へ降りると、大国主神に国を譲るよう迫っています。

経津主神は香取神宮（千葉）に祀られており、香取神として近隣の人々を中心に崇敬を集めています。室町時代中期より今も伝わる「天真正伝香取神道流《てんしんしょうでんかとりしんとうりゅう》」は、この香取の地で生まれた武術です。

創始者である飯篠家直は、香取神宮からほど近い山にこもって、厳しい修行に打ち込みました。すると家直の前に経津主神が現れて、「お前は天下の剣客の師匠となるだろう」と告げ、神書を下したのだとか。剣神のお墨付きによって生まれた天真正伝香取神道流は、その後、多くの剣豪を輩出しています。剣神として敬われる経津主神の主なご利益は、武術上達、スポーツ上達です。

神社にまつわる素朴なギモン・豆知識

われわれ日本人の生活に欠かせない神社。当たり前のように参拝しているけど、「実はちょっと気になることが」という人もいるのでは。ここではそんな素朴な疑問に答えます。

Question 01 神社を参拝する際に相応しい服装はある？

A 厳密な決まりはありませんので、普段着での参拝で問題はありません。しかし、露出が多い服や常識の範囲を超えた奇抜な格好は、神様に対する敬意を払っていると捉えにくいので避けましょう。また、正式参拝に限ってはフォーマルな服装を心がけて下さい。

Question 02 神社の境内でやっていけないバチあたりな行動って？

A 神社の境内は、神様が宿る聖域です。そこで、大声で叫ぶ、酔っ払う、境内の樹木を折るなど、環境を損ねる行為は不謹慎にあたります。また、おみくじも所定の場所以外に結ぶのは避けましょう。他、神社ごとに違うので各神社の情報を確認してください。

Question 03 お願い事の重要度に合わせてお賽銭の金額はあげるべき？

A お賽銭は、神様への感謝の気持ちを示す捧げものであり、ご利益はお金では買えません。金額をあげたところで願いが叶うとは言えませんが、大事なお願いを五円で叶えようとするのは虫のいい話。決まりはないので、自分なりの縁起のいい金額を納めましょう。

Question 04 初詣は元旦を過ぎたらご利益が下がってしまうの？

A 答えはノー。元旦の除夜の鐘と同時にお参りする「二年参り」が最もめでたいという考えもありますが、一般的には三箇日、もしくは松の内（7日か15日）までに行くのが初詣の目安。大切なのは日にちではなく、心身リフレッシュして新年を迎える気持ちです。

Question 05 本殿の中で祈祷して欲しいのですが誰でも受けられるの？

A 本殿で祈祷を受ける昇殿参拝は、希望すれば誰でも受けることができます。申し込み方法は、社務所に置いてある申込書に氏名と祈祷内容を書き込み、初穂料（玉串料）を添えて納めるだけ。初穂料は神社によって異なりますのでホームページなどで確認しましょう。

Question 06 御朱印はたくさん集めるほど願いが叶いやすくなるの？

A 残念ながら御朱印そのものには、お守りのようなご利益はありません。御朱印の起源は、江戸時代。神社に参拝した証であり、参拝自体がご利益となります。四国巡礼のように多くの寺社を巡ることが功徳を積むことを意味し、幸福を招くと考えられています。

Question 07 お守りに有効期限はある？期限切れの場合の処分方法は？

A ありります。神様も年が経つとパワー減り、再生の為に式年還宮を行いますが、お守りも同様ですので、一年ごとに買い替えるのが一般的です。その際、古くなったお守りは神社にある納札所に返却すると、お焚き上げや浄化の儀式を行い処分してもらえます。

Question 08 神社の境内にいる狛犬はどんな役目を果たしているの？

A 狛犬は神社の守護獣です。魔除けの力があり、神社に悪霊が侵入するのを防いでいます。２匹は同じように見えて表情が違います。右は口が開いた「阿」、左は閉じた「吽」。各々、人が生まれて口を開くことと、人生の終わりに口を閉じる姿を象徴しています。

Question 09 どうしても叶えたいお願いは有名な神社で祈願するべき？

A どうしても叶えたいお願いごとがあるのなら、気にするべきことは神社の規模ではなく、ご祭神の知識です。神様にも専門分野がありますので、お願いごとに対応する神様が祀られた神社に行きましょう。縁結びなら大国主命、合格祈願なら天神様に祈願します。

Question 10 難しい願いは偉い神主さんに祈祷して貰った方がいい？

A いいえ。たしかに神主にも「階位」や「身分」はありますが、その高低に関係なく、役割は神様と人とのコミュニケーションを図る媒介です。また、神主とは祭事と神社を管理運営する神社の代表でもありますので、どの神主であってもご利益に差はありません。

Question 11 厄年以外にも運気を上昇させるために正式参拝すべき年齢は？

A 厄年など人生の節目に行う正式参拝を人生儀礼と言います。代表的なものは七五三、成人式、還暦祝いなどです。また厄年以外でも、マンネリに陥ると運気が低下しますので季節の節目に参拝しましょう。定期的な参拝により活力が再生され、全体運が上昇します。

Question 12 神様に仕える動物の神使の中で変わった動物が知りたい！

A 最も代表的な神使が稲荷神社にいるキツネですが、他にもイノシシ、猫、ウサギ、牛、ウナギ、カッパ、ニワトリ、蛇などがいます。また、鳥取県の福岡神社にはタコの神使がいることで有名。ご祭神の速玉男命が大タコに乗って海を渡ったという神話が由来です。

Question 13 一日に複数の神社に行くと神様が嫉妬するって本当？

A いいえ。一日の参拝数に制限はありませんが、できれば一日一つの神社をゆっくり参拝するのがベストです。また、複数のお守りを同時に持っていることも、神様が嫉妬を買うと言われていますが、こちらもノー。神様はおおらかな心の持主なのでご安心を。

Question 14 鳥居にはどんな役目があるの？神社ごとに形が違うのはなぜ？

A 鳥居は、神様が宿る神域と、人間が暮らす俗世の境界線に位置する結界の門です。形状には大きく二種類あり、全体が直線的でシンプルな「神明系」と、笠木の両端が曲線的な「明神系」に大別されます。それぞれ同じ神様が祀っていることを意味しています。

伊邪那岐命と伊邪那美命の
神生みで生まれた風の神様。
ふわー

志那都比古神《シナツヒコノカミ》

風は吹いても
風邪引くな

ご利益	五穀豊穣、国家安泰、開運招福、航海安全、風邪平癒
主要神社	龍田大社(奈良)、神威神社(北海道)、伊勢神宮外宮風宮(三重)
別称	級長戸辺神《シナトベノカミ》

蒙古襲来をきっかけに日本全体の守護神に

伊耶那岐命《イザナギノミコト》と伊耶那美命《イザナミノミコト》の神生みでは、初めのころ、自然を神格化した神様が多く生まれました。そのうちの1柱が、風の神様である志那都比古神です。

名前の「シ」は呼吸や風を意味し、「ヒコ」は男性という意味。かつては神様の息が風となったと解釈されていました。『日本書紀』においては、伊耶那岐命の息から生まれたと書かれています。

風は恵みをもたらしてくれる一方、強風、暴風などは、自然を破壊し、人間の暮らしを容赦なく壊すこともあります。特に風が強く吹く地域に住む人々は、それを風神の大いなる力によるものと捉えていました。怖れを抱き、そして風の宮を祀るよう

ひゅ〜
神名の「しな」は「息が長い」という意味。風は稲作に欠かせないものであり、神の息から起きると考えられていた。
そのため農業神として祀られていたが、
元寇で神風を吹かせ、敵を追い払ったことから一躍日本を守護する神様になった。

になったのです。

このような風の宮は全国にありますが、中でも有名な龍田大社（奈良）、伊勢神宮外宮の風宮（三重）には、この志那都比古神が祀られています。

志那都比古神はかつて、農業の神として崇められていました。豊かな実りには、風が欠かせないからです。それが元寇を境に、日本の守護神という扱いをされるようになりました。海を渡って押し寄せてきた蒙古の軍勢に、日本は敗色濃厚でした。ところが強風によって、蒙古軍の船団は大混乱。奇跡的に勝利を得た日本の人々は、志那都比古神が風を起こしてくれたおかげだと信じて、一層強く崇敬するようになったのです。風の神様でありながら国家安泰の御利益があるのは、これが理由です。

じゃーん
神生みで生まれた神で、神名は「楠によって作られた鳥のように天翔ける船」という意味と考えられる。

トリノイワクスフネノカミ

鳥之石楠船神

飛んでいこうよ〜♪

ご利益	交通安全、航海安全、航空安全
主要神社	鳥船神社（埼玉）、大鷲神社（神奈川）、神崎神社（千葉）
別称	天鳥船神《アメノトリフネノカミ》、天鳥船《アメノトリフネ》、天磐船《アメノイワフネ》

神々を乗せて天空を飛ぶ木造船の神

伊耶那岐命《イザナギノミコト》と伊耶那美命《イザナミノミコト》の間に生まれた子。「トリ」は鳥のように早く飛ぶ様子を、「クス」は楠の木材で作られた物を指します。「フネ」はそのまま船。つまり、空を自由に飛び回る楠の木でできた船の神様です。別名を天鳥船と言います。こちらの呼称のほうが有名かもしれませんね。

国譲り神話では、建御雷神《タケミカヅチノカミ》が高天原の使者として、地上世界に降臨していますが、このときに乗っていた船が鳥之石楠船神でした。また『日本書紀』では邇邇芸命《ニニギノミコト》が天孫降臨の際に乗っていたのも、天磐船（鳥之石楠船神の別称）であるという記述が遺されています。

【航空関係】鳥之石楠船神

天空を翔ける船で神々を運ぶことから、運輸や交通を司るとして祀られる神様です。埼玉の鳥船神社、神奈川の大鷲神社、千葉の神崎神社などに祀られています。主なご利益は交通安全、航海安全。遠方へ旅行するときなどは、前もって参拝しておくと、その神力で守ってもらえるのではないでしょうか。

鳥之石楠船神は書物や伝承によって、逸話が異なる神様です。国譲り神話では使者である建御雷神の乗り物でしたが、日本書紀では鳥之石楠船神自身が使者として描かれています。

また、同じく『日本書紀』には、鳥之石楠船神が伊耶那岐命と伊邪那美命が蛭児《ヒルコ》を鳥之石楠船神に乗せて流したとも記されています。蛭児がなぜ流されたのかは諸説あり、定かではありません。

底筒男命《ソコツツノオノミコト》
中筒男命《ナカツツノオノミコト》
表筒男命《ウワツツノオノミコト》

黄泉国から戻った伊邪那岐命が
禊をして生まれた三柱の神様の総称で、
海の神様で航海の守護神。
ぷはー
ざー
ぶく
ぶく

広い海を守るぞー！

住吉三神《スミヨシサンジン》

ご利益	航海安全、漁業守護、海運守護、貿易守護
主要神社	住吉大社（大阪）、風速神社（福井）、香椎宮（福岡）、高良大社（福岡）
別称	墨江之三前大神《スミノエノミマエノオオカミ》

神功皇后を助けた3柱の海の神

住吉三神とは、古くから「住吉さん」のあだ名で崇敬されてきた住吉神社の祭神です。底筒之男命、中筒之男命、上筒之男命の3柱の総称を指します。

3柱の父である伊耶那岐命《イザナギノミコト》は、亡くなった妻・伊耶那美命《イザナミノミコト》を迎えに黄泉の国へと行きますが、変わり果てた妻の姿を見て怖れ、逃げ出してしまいます。地上世界に戻ってきた伊耶那岐命は黄泉の国の穢れを落とす禊をしますが、そのときに住吉三神は出現したのです。

上筒之男命は水面で、中筒之男命は水中で、底筒之男命は水の底で体を清めた際に生まれたとされ、それが名前の由来にもなっています。水から出現したことから、海の神様で

あり、航海や漁業、貿易を守護する存在として崇められてきました。

住吉三神の逸話として最も有名なのは、神功皇后《ジングウコウゴウ》の三韓征伐にまつわるものでしょう。あるとき住吉三神は神功皇后に神がかりをして、その夫である仲哀天皇に新羅を征服するように告げます。

しかし、仲哀天皇はこれに従わなかったために住吉三神の怒りを買い、急死してしまいます。残された神功皇后は託宣にしたがって新羅へと攻めました。このとき住吉三神は遠征する船団を守り、神功皇后は新羅征服に成功したのでした。

その後、神功皇后によって住吉の地に祀られた住吉三神は、今も海の安全を司る存在として、私たちを見守ってくれています。

多紀理毘売命《タギリヒメノミコト》
市寸島比売命《イチキシマヒメノミコト》
多岐都比売命《タギツヒメノミコト》

海の旅を楽しんで

宗方三女神《ムナカタサンジョシン》

ご利益	航海安全、交通安全
主要神社	宗像大社（福岡）、厳島神社（広島）
別　称	田心姫命《タゴリヒメノミコト》、狭依毘売命《サヨリビメノミコト》、沖津島姫比売命《オキツシマヒメノミコト》

だーー！
それーー！
天照大神との誓約により、大神が須佐之男命の剣を三つに折って聖水をふりそそぎ、噛んで吹き捨てた息から誕生した。

航海の安全を守る美しき3姉妹の女神

多紀理毘売命、市寸島比売命、多岐都比売命からなる3姉妹の神様です。海の安全の守護神として、福岡の宗像大社を総本宮に、全国的に信仰されています。

この女神たちの誕生には、天照大《アマテラスオオ》神《ミカミ》と須佐之男命《スサノオノミコト》が大きく関わっています。

ある日、須佐之男命が高天原に現れると、木々や大地が揺れました。この不穏な空気に、天照大神は「須佐之男命は高天原を侵略しに来たに違いない」と考えて身構えます。そこで須佐之男命は誓約をしようと、天照大神に持ちかけました。誓約とは、物事の吉兆や真偽を判断するために占いをすることです。

この儀式の中で須佐之男命は天照

その後、大神から九州の玄界灘に降りて守護神となることを命じられた三女神は、宗像大神となってその役目を果たすことになった。住吉三神と並ぶ代表的な海の神であり、航海安全、運輸交通の神として広く信仰されている。
わーい
神仏習合によって市寸島比売命は、弁財天と同神とされ、財宝の神、美の神、芸能の神として崇敬を集めている。
宝
その後、市寸島比売命を語源に祀られたのが厳島神社とされ、平清盛が現在の社殿を造営し、平家の守り神ともされた。

大神に大剣を渡しました。天照大神がそれを噛み砕いて吐いた息（霧とも）から、3柱の女神が出現。それが宗方三女神です。女神が生まれたことで、須佐之男命の潔白は証明されたのでした。

多紀理毘売命の名前の「ギリ」は霧の意味で、誕生の由来にまつわるとする説があります。

市寸島比売命は美女ぞろいの3姉妹の中でも特に美しいとされ、後に七福神の弁天様と同一の存在と見なされるようになりました。

多岐都比売命の「タギツ」は「たぎる＝水流が激しい」の意味で、玄界灘の荒々しいさまが由来ともされています。

古くから沖ノ島、筑前大島などに祀られ、安全な航海の目印としても助けとなりました。

玉祖命

タマノオヤノミコト

ご利益	宝石作り上達、職人技術向上
主要神社	玉作湯神社（島根）、石作玉作神社（滋賀）
別称	豊玉神《トヨタマノカミ》、天明玉命《アメノアカルタマノミコト》

天照大神が天の岩戸に隠れた時、祭具として八尺瓊勾玉を作った神様。

八尺瓊勾玉を作った玉作部の祖神

玉作りを司る神様です。天照大神《アマテラスオオミカミ》が天岩戸に隠れた際、神々はあの手この手で、出てきてもらおうとしました。このときに美しい玉「八尺瓊勾玉《やさかにのまがたま》」を作ったのが、玉祖命です。

後にこの勾玉は草薙の剣、八咫鏡と並び、三種の神器と呼ばれるようになりました。

玉祖命という名前は、『古事記』にのみ記述があります。では、『日本書紀』には登場していないのかといえば、そうとも言い切れません。『日本書紀』では、八尺瓊勾玉を作ったのは豊玉神や天明玉命だとされていますが、この2神は玉祖命と同一の存在とする説が一般的のようです。

玉祖命は玉作部の祖神としても知られています。玉作部とは、かつて、勾玉をはじめとする玉を作る仕事をしていた民のこと。摂津や河内をはじめ、材料となる石が採掘できる地域で多く見られたそうです。

邇邇芸命《ニニギノミコト》は高天原から地上世界に降臨（＝天孫降臨）していますが、玉祖命も伴われて地上世界に降り立っています。

出雲には玉造温泉という温泉地があります。特に美肌の効果が期待できるとして人気の温泉地の地名は、玉祖命が中国地方を統治していたという伝承が由来となっています。

玉を作る職人たちの祖神であることから、宝石作り上達や、職人としての技術向上といったご利益があるとされています。

天智天皇《テンジテンノウ》

何時か
教えてあげよう

天智天皇は671年に
漏刻（水時計）を作り、
鐘鼓を鳴らして時を告げた。
これが日本における
最古の時報と言われている。
水の流れを
利用する
のだ!!

ご利益	心願成就、学業成就、試験合格、開運招福、商売繁盛
主要神社	近江神宮（滋賀）、揖宿神社（鹿児島）、村山神社（愛媛）
別称	中大兄皇子《ナカノオオエノオウジ》、天命開別尊《アメミコトヒラカスワケノミコト》

大化の改新で知られる中大兄皇子

天智天皇は近江神宮などで祭神として祀られている神様ですが、実在の人間でもあります。実在した人間でありながら、神様として崇められるようになった人としては、菅原道《スガワラノミチ》真《ザネ》や、和気広虫姫命《ワケノヒロムシヒメノミコト》がいます。

天智天皇は、推古天皇34（626）年に舒明天皇の第2皇子としてこの世に生を受けました。天智天皇という名前をご存じの方も多いでしょうが、中大兄皇子《ナカノオオエノオウジ》という名前の方が聞き覚えがあるかもしれません。そう、学校の授業で習った大化の改新を起こしたあの人物こそが、天智天皇なのです。

皇極天皇4（645）年、天智天皇は中臣鎌足などと組んで、クーデターを起こしました。時の権力者で

刻
5:02
分
秒
時
このことから天智天皇は時の祖神として祀られるようになった。
6月10日の「時の記念日」はこの時報が開始された日を記念して制定された。毎年この日には、天智天皇を祀る近江神宮に時計業界の関係者が中心となって集まり、天智天皇に感謝を捧げる漏刻祭が行われている。

あった蘇我入鹿《ソガノイルカ》を暗殺し、自ら政局を握ったのです。

天智天皇といえば大化の改新ばかりが注目されますが、実は画期的な物を生み出しています。水時計を日本で初めて作ったとされているのです。

水時計（かつては「漏刻」と呼ばれていました）が作られたのは、天智天皇が皇太子の位にあった斉明天皇6（660）年と、天皇即位後の天智天皇10（671）年のこと。この水時計のおかげで国民たちは時間を知ることができたと伝えられています。

名前の天智とは、天のように広い知恵という意味。その聡明さで日本を文化的発展に導いた天智天皇は時の神様であり、産業や文化などの御利益を授けてくれます。

高倍神

タカベノカミ

高倍神は、第12代景行天皇に仕えた料理人の一人だった。
せっ
せっ

おいしいのあるよー

ご利益	料理上達、醸造業繁栄
主要神社	高家神社（千葉）、高崎神社（栃木）
別称	磐鹿六鴈《イワカムツカリ》、六鴈臣《ムツカリノオミ》

天皇の食事を作る料理人一族の祖神

第8代天皇・孝元天皇《コウゲンテンノウ》の皇子である大彦命《オオヒコノミコト》の孫にあたる人物です。磐鹿六鴈の名前で『日本書紀』などに記述が残されていますが、実在しない伝説上の人物であるという説もあります。

高倍神は膳氏の祖先とされています。「膳」とは料理のこと。その名前のとおり、膳氏は天皇に料理を奉仕していた一族でした。このような大役を任されるようになったきっかけを作った人物こそが、この高倍神なのです。

景行天皇《ケイコウテンノウ》が東国へとお出ましになったときのことです。これに随行していた高倍神は、上総国の海でカツオや白ハマグリといった海の幸を獲り、なますにして景行天皇に献上しました。景行天皇はその功績を褒

めたたえて、高倍神に「膳臣」の姓を与えたのです。以来、膳氏は天皇の料理番を務めることになりました。

ちなみに海に入ったのは高倍神ではなく、景行天皇自身であったとする書物もあります。ミサゴという鳥の鳴き声が気になった景行天皇は、それを追いかけるように海に入って、カツオや白ハマグリを得たのだとか。いずれにせよ、それをおいしい料理に仕上げたのは高倍神だったようです。

祀られている神社は高家神社（千葉）、高崎神社（栃木）など。天皇の食事作りをしていた一族の祖神であることから、料理上達の御利益が期待できます。また、酒や味噌、醤油の醸造の神様という一面も持ち合わせています。

興津彦命《オキツヒコノミコト》
奥津比賣命《オキツヒメノミコト》

かまどの神であり、
火を起こすことを
司る男女の神様。
ぐつ
ぐつ

火の元は
安全にね

ご利益	火難除け、家内安全、開運招福
主要神社	神谷神社（香川）、戸神社（兵庫）、夷針神社（茨城）
別称	大戸比売神《オオヘヒメノカミ》

かまどをはじめとする火を守る兄妹神

興津彦命を兄、奥津比賣命を妹とする兄妹の神様で『古事記』に登場します。かまどや台所の守護神として広く敬われています。

かまどや台所で料理を作る際に欠かせないものといえば、火です。この兄妹の神様はその火を司る存在でもあります。

名前に共通する「オキ」は熾火《おきび》の「オキ」。熾火とは熱して燃えた炭火のことをいいます。昔は現在のように火をつけることが簡単ではなかったため、かまどでは火を絶やさないようにしていました。それゆえ火事を招いてしまうこともあり、かまどの近くにこの兄妹神のお札を貼り、火難除けを願っていたと伝えられています。

昔、かまどは
食べ物を煮炊きし、
命を繋げる象徴だった。
そのため篤く崇敬され、
人々の間では
台所の守護神として
大切に祀られていた。
かつて日本の家では水神や厠の神など、
様々な神が祀られていたが、
その中でもかまど神は
位の高い神様とされていた。
仏教の三宝荒神は
その清浄を尊び
不浄を嫌う性質から、
不浄を払う火と結びつき、
同じかまどの神様として
一緒にされることもある。

ちなみにかまどはかつて、神聖なものとされていました。人が生きるために必要な食事を作る場所であるというのが、その理由です。そのかまどを守るわけですから、この兄妹の神様は人々にとって身近でありつつも、とても重要な存在であったといえるでしょう。

伊邪那美命《イザナミノミコト》に火傷を負わせて死なせたとして、伊邪那岐命《イザナギノミコト》に斬られてしまった火之迦具土神《ヒノカグツチノカミ》は、同じく火の神様として興津彦命、奥津比賣命とともに祀られることも少なくありません。

汚れや災厄を焼き払うとされる仏教の三宝荒神《サンボウコウジン》は、同じくかまどを守護する存在です。このことから、興津彦命と奥津比賣命はいつしか三宝荒神と神仏習合し、同一であるとする地域も出てくるようになりました。

タジマモリノミコト

田道間守命

田道間守命は第11代垂仁天皇に命じられ、「非時香菓」という実を求め、常世の国に旅立った。
行ってきまーす

甘いのあるよー

ご利益	製菓業繁栄、料理上達、商売繁盛
主要神社	橘本神社（和歌山）、中嶋神社（兵庫県）、吉田神社（京都）
別称	多遅摩毛理《タジマモリ》、多遅麻毛理《タジマモリ》

海外から柑橘類を持ち帰ったお菓子の神様

『日本書紀』と『古事記』に登場する神様です。『古事記』では、「多遅摩毛理」などと表記されています。新羅から日本にやってきた天之日矛《アメノヒボコ》という神様の玄孫（孫の孫）であるとされており、お菓子を司る神様です。

田道間守命がなぜお菓子の神様として崇められるようになったのか。それは『日本書紀』に残されている次の逸話に由来します。

ある日のこと、田道間守命は垂仁天皇に命じられて、不老不死をもたらすとされる果実「非時香菓《トキジクノカクノミ》」を手に入れるべく、常世国へと向かいます。非時香菓はタチバナという柑橘類を指します。常世国はかつての日本において、海をのはるか彼方に位

置する理想郷と考えられていた場所です。

常世国と渡った田道間守命は懸命に非時香菓を探しましたが、なかなか見つかりません。ようやく探し当てたときには、10年の歳月が流れていました。急いで日本に持ち帰ってきましたが、すでに垂仁天皇は崩御していたのでした。

あまりにも悲しかったのでしょう。田道間守命はタチバナの木の半分を皇后に、もう半分を天皇陵に捧げた後、自ら命を絶ったと伝えられています。

田道間守命が持ち帰ったタチバナは、後にミカンとなって日本に普及するようになります。古代は甘味といえば果物しかありませんでしたので、そこからお菓子の神様として崇敬を集めるようになったのです。

石土毘古神
イワツチビコノカミ

石土毘古神は
土石の神であり、
壁土や柱の土台となる
石を司っている。
えいほ
えいほ

夢の
マイホーム

ご利益	建物守護、家内安全、開運招福
主要神社	石鎚神社(愛媛)、石土神社(高知)
別称	石土毘古《イワツチビコ》

家宅六神で最初に生まれた石と土の神

伊耶那岐命《イザナギノミコト》と伊邪那美命《イザナミノミコト》は、多くの神様と誕生させた夫婦神として知られていますが、日本という国も生んでいます。これがいわゆる「国生み」です。

この国生みの後に行った神生みによって、まず最初に生まれたのが大事忍男神《オオゴトオシオノカミ》。その名の由来は、大事、つまり国生みを終えた男の神と解釈するのが一般的です。大事忍男神に続いて生まれたのが、家宅六神《カタクロクシン》という6柱の神様です。

このとき最初に誕生したのが、石土毘古神。かつては家の主な材料であった石と土を表す神様です。

2番目に生まれたのは、石と砂を表す石巣比売神《イワスヒメノカミ》。3番目は出入り口を表す大戸日別神《オオトヒワケノカミ》。4番目は屋根をふく動作を表す天之吹男神《アメノフキオノカミ》。5番目

は吹き終えた屋根を表す大屋毘古神《オオヤビコノカミ》。6番目が、建物を強風から守る風木津別之忍男神《カザモツワケノオシオノカミ》。

これらは家にまつわる6柱の神様であることから、家宅六神という名前の由来となっています。

まず最初に建物の主な材料となる石と土があり、最後に風を防ぐ。家宅六神はその生まれる順番が、まさしく家作りの過程をなぞっています。

国が生まれたすぐ後に、食物でも衣服でもなく、家にまつわる神様が生まれる。豊かな人生を送るうえで快適な住環境は欠かせないものですが、それは古代においても同じだったのでしょう。

石土毘古神でよく知られるのは、愛媛県にある石鎚神社です。霊山石鎚山をご神体とするこの神社には、祈願に全国から参拝者が訪れます。

天石門別神《アマノイワトワケノカミ》

実はボク
アレの正体です

天孫降臨の際、天照大神に命じられて邇邇芸命に同行した。

ご利益	石工業守護、厄除け、開運招福
主要神社	天岩門別神社(岡山)、櫛岩窓神社(兵庫)、大祭天石門彦神社(島根)
別　称	櫛石窓神《クシイワマドノカミ》、豊石窓神《トヨイワマドノカミ》

魂だけ天孫降臨した御門の守護神

『古事記』に登場する神様です。邇邇芸命《ニニギノミコト》が天孫降臨する際に「八咫鏡」「八尺瓊勾玉」「草薙の剣」の三種の神器に、思金神《オモイカネノカミ》と天手力男命《アメノタヂカラオノミコト》と一緒に添えられたという記述があります。

天石門別神は古代より、天皇の宮殿の門を守護する存在として祀られてきました。その神力によって、悪霊などの邪悪な存在を寄せ付けず、また、病気などを招く悪い気も払ってきたのです。

天孫降臨で一緒に地上世界に降りてきた思金神は、天照大神《アマテラスオオミカミ》の天岩戸隠れにおいて、神々に様々な知略をさずけたリーダー格でした。天手力男命は天照大神が顔を出した瞬間、その手を掴んで力任せに引っ張り出

しました。

では、天石門別神は何もしていなかったのかといえば、そうではありません。むしろ天岩戸隠れの際には、出ずっぱりだったと言えます。実はこの神様は、天照大神が隠れた天岩戸そのものだったとされているのです。

名前の「天石門」は、「天界にある石のように堅牢な門」という意味。そのことからも、天石門別神が天岩戸と同一の存在だとする説に説得力が出るのではないでしょうか。

別名は櫛石窓神、豊石窓神などで、いずれも石の字が入っていることからもわかるとおり、石の神様としての性格を持ちます。天岩門別神社（岡山）、櫛石窓神社（兵庫）、大祭天石門彦神社（島根）などに祀られています。

火雷神《ホノイカヅチノカミ》

ゴロゴロ
黄泉国で死んだ伊邪那美命の体から生まれた雷神。
ピカ
ピカ

丹塗矢《にぬりや》とも言われるよ

ご利益	五穀豊穣、農業守護、落雷除け
主要神社	葛木坐火雷神社（奈良）、火雷神社（群馬）、角宮神社（京都）
別称	雷神《イカヅチノカミ》

伊邪那美命に宿った8柱の雷神の総称

多くの神を生み出した伊邪那美命《イザナミノミコト》は、火の神様である火之迦具土神《ヒノカグツチノカミ》を生んだ際の火傷が原因で、死んでしまいました。そして死後、黄泉国へと下ったのです。

伊邪那岐命《イザナギノミコト》は、妻である伊邪那美命を救うべく黄泉国へ向かいますが、変わり果てた姿を見て怖くなり、逃げ帰ってしまいます。その変わり果てた姿というのが、頭、胸、腹、秘部、左右の手、左右の足の8カ所にそれぞれ雷神を宿した姿であったとされています。この8神の総称が火雷神であると伝えられていますが、これは諸説あるうちのひとつです。8神のうち右足に宿った神を、火雷神とする説もあります。

これらは『古事記』における記述

です。『山城国風土記』の逸文では、伊邪那美命の子であるとはされていません。

ある日、賀茂建角身命《カモタケツヌミノミコト》の娘にあたる玉依姫命《タマヨリヒメノミコト》という女神が、川を流れてきた丹塗矢を見つけました。それを拾い上げると妊娠し、賀茂別雷命を生みました。このときに拾い上げた矢こそが、火雷大神であったとされています。

日本神話における代表的な雷神のうちの1柱としても知られ、雷雨は恵みの雨をもたらすことから五穀豊穣や農業守護のご利益を、そして雷の多い地域では落雷除けのご利益を授かれるとして、広く崇敬されてきました。

奈良県の葛木坐火雷神社や群馬県の火雷神社などをはじめ、各地の神社に祀られています。

箒に宿るとされる女神で、祀る神社は伊勢神宮内宮だけという知る人ぞ知る神様。
キレイ
キレイ

ヤノハハキノカミ

矢乃波波木神

ササッと
キレイにね

ご利益	家屋守護、安産、子育て
主要神社	伊勢神宮（三重）
別称	矢乃波波木《ヤノハハキ》、波比岐神《ハヒキノカミ》

出産を見守る箒が神格化した存在

昭和の時代まではよく見かけることのできた定番の掃除用具・箒《ほうき》が、神格化された神様です。古くから民間信仰の対象として崇敬を集めてきた存在で、屋敷の守護神という性格も持ちます。

これは、矢乃波波木神が天照大神《アマテラスオオミカミ》の神殿（＝伊勢神宮）の建つ土地を守っていたからという説からきたものと考えられます。

また、ちりやほこりなどの有害なものを掃き出して、屋敷を清潔に保つということから生じたものという説もあります。

他方、安産の神としてもあがめられています。名前の「波波木（ハハキ）」が母木、すなわち新たな命を生み出す木であるということから、

神名の「ははき」が「母木」に通じるとされ、「母木＝生命を産む木」という考え方から安産の神として崇められている。
また、天照大神の宮が建つ敷地を守護する役目を担っていることから、屋敷神という神格も与えられており、
さっさ
矢乃波波木神は古代の朝廷において、伊勢の宮地の神霊として崇められていたという。

安産の神になったのだとか。

かつて出産は不浄の行為であるとされ、妊娠中に神を詣でることはもってのほかと考えられていました。ですが、産神である矢乃波波木神は産屋に入ることができるとされていたのです。産屋の不浄を箒によって払い、清浄にするという意味合いがあったのかもしれません。

箒でごみを集めることは、霊魂を寄せ集めるという行為に通じるとされて、まじないや占い、そして呪いなどにも用いられてきたそうです。かつては人々にとってとても身近な存在であった箒にも、実は神力が備わっています。日本では万物に神様が宿るとされていますが、矢乃波波木神はその代表的な例と言えるでしょう。

ツゲノイナギオオヤマヌシノミコト

闘鶏稲置大山主命

闘鶏稲置大山主命は
奈良氷室神社のご祭神で、
全国でも珍しい
氷の神とされている。
ピカ
ヒヤ
ヒヤ
ピカ

カチカチの
シャリシャリ

ご利益	製氷業守護、商売繁盛、開運招福
主要神社	氷室神社（奈良）
別　称	闘鶏大山主《ツケノオオヤマヌシ》

天然の冷凍庫の氷で仁徳天皇を喜ばせる

現在の奈良県奈良市と同県天理市のあたりは、かつて「闘鶏国《ツゲノクニ》」と呼ばれていました。この闘鶏国を支配していたのが、闘鶏国造《ツゲノクニノミヤツコ》です。国造とは、地方を統治する仕事のこと。政治、軍事面におけるトップとも言える存在でした。

闘鶏氏というと、あまり聞きなじみのない人が多いかもしれません。ですが、祖先は初代天皇である神武天皇の皇子である神八井耳命《カンヤイミミノミコト》。由緒正しき血統を継いでいるのです。

闘鶏国造のころから時は流れて、仁徳天皇朝。この時代に国造の地位にあったのが、闘鶏稲置大山主命です。

ある日のこと、応仁天皇の皇子の額田大中彦皇子《ヌカタノオオナカツヒコノオウジ》が、闘鶏の地を訪れ

ました。山中で狩りをしていると気になったものがあったそうです。「あれは何か」と質問された闘鶏稲置大山主命は、「氷室でございます」と答えました。氷室とは天然の冷凍庫のこと。冬にできた氷を切り、山に掘った穴に置いて上から草をかぶせたものです。

闘鶏稲置大山主命から氷を渡された額田大中彦皇子は、仁徳天皇に献上しました。すると天皇はたいそう喜んだと伝えられています。

闘鶏稲置大山主命を祭神としてまつっている主な神社として挙げられるのが氷室神社です。製氷業守護のご利益があるこの神社では、平成26年から「ひむろしらゆき祭」を開催しています。全国の有名かき氷店が集まる催しで、1万人以上もの人が集まります。

監修：東條英利（とうじょう ひでとし）

一般社団法人国際教養振興協会代表理事、神社文化評論家。第40代内閣総理大臣の東條英機は直系の曽祖父にあたる。日本文化・伝承の源泉となる神社・神道を学ぶ仕組み作りとして、全国神社情報専門ポータルサイト「神社人」を主宰。また、食専門誌や国際交流新聞への定期連載など、神社ライターとして神社関連の執筆、監修なども行なっている。

イラスト：岡本倫幸

装丁・デザイン：太田俊宏（開発社）

マンガでわかる日本《にほん》の神様《かみさま》

起源《きげん》や個性《こせい》を知《し》って、もっとご利益《りやく》を！

2017年12月13日 発 行
2019年 1月15日 第3刷

NDC 170

監　修　東條英利《とうじょうひでとし》

発 行 者　小川雄一
発 行 所　株式会社 誠文堂新光社
〒113-0033 東京都文京区本郷 3-3-11
［編集］電話 03-5800-5779
［販売］電話 03-5800-5780
http://www.seibundo-shinkosha.net/
印 刷 所　広研印刷 株式会社
製 本 所　和光堂 株式会社

ISBN978-4-416-71711-0